Die Fischers

Eine schwäbische Dübel-Dynastie

Helmut Engisch / Michael Zerhusen

Die Fischers

Eine schwäbische Dübel-Dynastie

THEISS

Impressum

Alle Aufnahmen entstammen dem Firmenarchiv der fischerwerke.

Die Deutsche Bibliothek –
CIP-Einheitsaufnahme

Die **Fischers** : eine Dübel-Dynastie /
Helmut Engisch ; Michael Zerhusen. –
Stuttgart : Theiss, 1998
ISBN 3-8062-1341-0

Lektorat: Bärbel G. Renner, Tübingen
Gesamtgestaltung / Satz: Cornelia Fritsch & Birgit Fiebiger GbR. Filderstadt
Gesamtherstellung: Clausen und Bosse, Leck

Printed in Germany
ISBN 3-8062-1341-0

Inhaltsverzeichnis

Helmut Engisch begann nach dem Studium mit der journalistischen Laufbahn und war bei verschiedenen Zeitungen tätig, u. a. von 1987 bis 1992 als „Knitz“ bei den „Stuttgarter Nachrichten“. Seit sechs Jahren arbeitet er als freier Journalist und Autor.

Michael Zerhusen arbeitete 17 Jahre lang bei Tageszeitungen, davon 12 Jahre als Leiter einer Lokalredaktion. Seit 1992 ist er bei der Unternehmensgruppe fischer für die Öffentlichkeitsarbeit, seit 1997 auch für die „fischer-Akademie“ verantwortlich.

Vorwort

„Aus Kartoffeln vielleicht?“ Artur Fischer lächelt nachsichtig und schiebt das eigentümliche Gebilde noch ein Stückchen weiter über den Tisch, dieses Holzstäbchen mit acht aufgespießten gelben Flocken, das er aus der Tiefe eines Wandschranks hervorgezaubert hat. „Mais“, sagt er bedeutungsvoll, „ein wunderbares Material.“ Fast zärtlich hält er so ein bleichgelbes Gebilde zwischen Daumen und Zeigefinger. Und dann, es ist kaum zu glauben, steckt er ein Flöckchen in den Mund. „Vollkommen ungiftig“, sagt er, und es knirscht eigenartig. „Man kann sie sogar essen!“ Man kann sie auch mit Speichel benetzen und miteinander verkleben. Mit wahrer Begeisterung führt er es vor. Wenn Artur Fischer etwas erfindet, ist er mit Leib und Seele dabei. Und jetzt hat er den Mais entdeckt. Maisgrieß, wenn man’s ganz genau nehmen will. Und er ist sehr dafür, daß man es genau nimmt. Denn aus diesem Maisgrieß, der mit Luft zu duftigen Flöckchen aufgepumpt wurde und sowohl umweltfreundlich als auch ungefährlich ist, sollen die nächsten Generationen von Vorschulkindern die Wundergebilde ihrer Phantasie bauen, kleben, schnitzen, modellieren …

Maisgrießflocken werden seit einiger Zeit in der Industrie – natürlich auch in den fischerwerken – anstelle von Styropor als Verpackungsbeigabe verwendet. Irgendwann entdeckte Artur Fischer dann, daß sie sich bestens als Bastelmaterial für Kinder eignen. Damit es ihnen auf ihrem Weg ins neue Jahrtausend nicht an Chancen fehle, ihre Phantasie nach Kräften zu üben, will er ihnen nun einen Maisgrießflocken-Baukasten bescheren.

Und er ist, wie bei all seinen anderen Erfindungen, vollkommen überzeugt von dessen Sinn und Nutzen. Wer Begeisterungsfähigkeit für ein Vorrecht der Jugend hält, dem beweist Artur Fischer mit seinen 78 Jahren munter das Gegenteil. Und jedem Skeptiker, der über dem Maisgrieß nicht gleichfalls augenblicklich in Entzücken ausbricht, setzt er seinen entschiedenen Willen und seine ansteckende Zuversicht entgegen.

Wer in den Tumlinger fischerwerken, dem Ursprungsort der schwäbischen Dübel-Dynastie, zu Gast ist, tut gut daran, sich auf Überraschungen gefaßt zu machen. Aber nicht alle sind aus Maisgrieß. Manche sind aus jenem Stoff, der das Leben, auch wenn es Arbeit ist, erleichtert. Freundlichkeit zum Beispiel: Der schöne Brauch, seinen Mitmenschen auch bei der flüchtigsten Begegnung mit einem herzlichen Gruß zu ehren, wird auf dem weitläufigen Firmengelände der fischerwerke geradezu mit Begeisterung gepflegt.

Dieser Umgangston – schon im kleinen Werkstattbetrieb üblich, den Artur Fischer vor 50 Jahren im benachbarten Hörschweiler gründete – bestimmt bis heute den Alltag in den fischerwerken. Und doch hat sich seit jenen Tagen viel verändert. Nicht nur bei Gebäuden und Gesellschaften, Märkten und Technologien, Belegschafts- und Umsatzgrößen, sondern auch und gerade im Miteinander: Die Wertschätzung der Mit-Arbeiter und ihre Anerkennung als verantwortlich denkende und handelnde Menschen ist zum zentralen Teil der Firmenphilosophie geworden.

Eigeninitiative und Kreativität zu fördern, die Voraussetzungen für Leistungsfähigkeit und „Spaß an der Arbeit“ zu schaffen – das liegt dem 47jährigen Klaus Fischer so sehr am Herzen wie seinem Vater das Erfinden. Wenn der Sohn, der schon seit 18 Jahren das Unternehmen führt, von neuen Projektarbeiten „seiner“ Auszubildenden schwärmt oder die überwältigenden Vorteile einer neuen Führungsstruktur preist, dann steht er mit seinem Enthusiasmus dem Herrn Papa in keiner Weise nach. Und wenn er in Vorträgen von solchen Errungenschaften berichtet, dann lädt er die Zuhörer meist auch gleich nach Tumlingen ein, denn „was ich Ihnen hier erzähle, können Sie dort alles live erleben“.

Das Wirtschaftswunder der Nachkriegsjahre und die Globalisierungstendenzen der Gegenwart sind an Vater und Sohn nicht spurlos vorübergegangen. Was dem Senior das Maisgrießflöckchen, ist dem Junior der Spielwarenmarkt: Wo der eine auf die unausweichliche Anziehungskraft seines Produktes setzt, will der andere erst wissen, ob das zwischen Gameboys und Tamagotchis auch Platz hat. Unermüdlicher Erfinder der eine, ideenreicher Manager der andere. Ein Patriarch hier und einer, der teilhaben läßt, dort. Zwei, die über sich hinausgewachsen sind, und zwei, die für ihre Visionen gekämpft haben. Unterschiede und Gemeinsamkeiten zweier Unternehmer, die in einer schwäbischen Erfolgsgeschichte mit Fortsetzung die Hauptakteure sind. Die Lebensumstände beider in ihrem jeweiligen Kontext betrachtet – ergänzt durch ein Schlaglicht auf die dritte Generation – , soll den Blick dafür ebenso schärfen wie die Betrachtung aus zwei verschiedenen Perspektiven: der des Journalisten, der sich dem Thema als externer Beobachter nähert, und der des Insiders, der diesmal tiefer blicken läßt, als Pressesprecher das gemeinhin tun.

Helmut Engisch, Michael Zerhusen

Im Schwarzwald daheim

Dreißig Hütten, in Haufen zusammengeschneit

Dreißig Jahre war der Magister Johann Ulrich Schwindrazheim alt, als ihn die Kirchenbehörde im Jahr 1767 zum Seelenhirten des Pfarrdorfes Tumlingen im Oberamt Freudenstadt bestellte. Einerseits war der Nachwuchstheologe froh, endlich in den Pfarrerstand erhoben zu werden, andererseits konnte er diesen Dienstauftrag nicht unbedingt als ein Geschenk des Himmels erachten. „Heckengäu" nannte man weit und breit im Land die Gegend seiner neuen Gottbefohlenheit. So konnte er schwerlich einen Garten Eden erwarten, als er sich aufmachte, sein Amt anzutreten.

Noch keine drei Dutzend Sonntagspredigten hatte der neue Tumlinger Pfarrer gehalten, als er ein flehentliches Gesuch an seine Vorgesetzten richtete. In feinster Rede klagte er da über die Beschwerlichkeiten seines Dienstes, über die Unwirtlichkeit der Gegend und über die Dürftigkeit seines Unterhalts. Und das Gesuch gipfelte in der Bitte, ihn nur recht bald aus dem Jammertal seiner ländlichen Abgeschiedenheit zu befreien und ihm eine andere Pfarrstelle zuzuweisen. Die Kirchenoberen zeigten sich vom Klagelied ihres unwilligen Dieners sehr beeindruckt und erfüllten seine Bitte. Der Pfarrer Schwindrazheim wurde zum Professor an der Ludwigsburger Lateinschule ernannt.

Allerdings hätte sich das hohe Konsistorium wohl schwerlich so prompt von der Seelennot eines Landpfarrers erweichen lassen, hätte der Verzweifelte seine Klage nicht kunstvoll in das anmutige Gefäß der klassischen Dichtkunst gegossen. Einen am Schwarzwaldrand verdämmernden schwäbischen Ovid konnte sich die Kirchenherrschaft natürlich nicht leisten. Denn so üppig gesät waren die Geistesgrößen im Württemberger Land auch zu jener Zeit nicht. Zum Dank für die Versetzung in gelindere Gegenden des schwäbischen Königreichs hat es der Gerettete fürderhin weder an Ergebenheit noch an Standorttreue fehlen lassen. Sein machtvolles Klagelied über die Tumlinger Leidenszeit aber klingt noch heute so erfrischend wie einst:

„Sieh! Ein Armer, dem nirgends das Heil und des Heiles Hoffnung erblühet … “ läßt Johann Ulrich Schwindrazheim sein Tumlinger Klagelied anheben. Und in weiteren 143 Versen schafft er seinem Jammer Luft. „Schaut denn am übel berüchtigten Ort den neuen Bewohner“, lamentiert der Heckengäu-Ovid in edelstem Versmaß, „ferne von Musen, von Baum, ferne von Reben und Stadt. Flecken nennt ihn das Volk, ja, dreißig Hütten, in Haufen also zusammengeschneit, werden ein Flecken genannt!“

Doch nicht nur die bescheidene Größe seines Pfarrdorfs störte ihn mächtig. Gar zu kümmerlich erschienen ihm auch die Früchte der rauhen Gegend. „Leset mir doch vom Gestrüpp Veilchen und Feigen vom Dorn!“, empfiehlt er seinen Vorgesetzten trotzig, um ihnen im selben Atemzug Bescheid zu geben über die natürlichen Früchte des abgelegenen Landstrichs: „Zapfen der Tannen die einzige Frucht! In ihrer Beschattung irr ich, von Dunkel umhüllt, blind durch den traurigen Grund.“

So unverblümt er auch die Unwirtlichkeit seines Aufenthaltsorts schmähte, vor dem Widerspruch seiner Pfarrkinder durfte der Pfarrer Schwindrazheim sicher sein. Denn er hatte seine Litanei in die Sprache des edlen Latein gegossen. Und die Früchte der höheren Bildung waren in Tumlingen, zumindest zu jener Zeit, noch bei weitem rarer als jene des Feldes und der bäuerlichen Flur.

Überfluß und Wohlleben waren auch 150 Jahre nach der Flucht des Pfarrers Schwindrazheim aus der Tumlinger Armseligkeit nicht daheim in dem kleinen Bauerndorf auf der sanft gewellten Hochebene zwischen dem katholischen Neckarstädtchen Horb und dem schon damals weithin bekannten Luftkurort Freudenstadt. Mehr schlecht als recht lebten die Tumlinger Bauern vom kargen Ertrag ihrer meist handtuchschmalen Felder, über die bis spät ins Frühjahr ein eisiger Wind fegte, die oft schon im Herbst unter einer dicken Schneedecke verschwanden. Und wenn die Wohlhabenderen unter den Tumlinger Bauern zur Winterszeit im eigenen Wald ein paar hochgewachsene Schwarzwaldtannen schlagen, sie mit dem Ochsenfuhrwerk zur Sägemühle ziehen und die dort gewonnenen Balken und Bretter als Bauholz verhandeln konnten, dann durften sie sich und ihr Schicksal glücklich preisen. Dessen ungeachtet war das Geld rar im Flecken. Gottvertrauen allein war das Kapital, von dem alle mit gleichem Recht zehren durften. Und innige Frömmigkeit, gründlich gestärkt durch die Tugenden des Fleißes und der Bescheidenheit in irdischen Dingen, war die Kraft, die in Tumlingen ein Leben lang verläßlich und vielleicht auch auskömmlich trug.

Der Dorfschneider Fischer

Die Aussicht auf ein kommodes oder gar komfortables Leben war es sicher nicht, die den Schneider Georg Fischer bewog – nach einer Lehre in Stuttgart und dem Militärdienst bei der königlich-württembergischen Artillerie – heimzukehren in sein Heimatdorf Tumlingen, um sich dort als Handwerker niederzulassen. Noch weniger aussichtsreich mag die gemeinsame Zukunft seiner Frau Pauline erschienen sein.

Sie stammte aus dem Dorf Hertmannsweiler bei Winnenden und hatte als Fräulein Pfleiderer einige Jahre in Diensten einer vornehmen Freiburger Familie gestanden, bevor sie als Dreißigjährige mit Georg Fischer aus Tumlingen vor den Traualtar trat. Die Familie der Braut verstand damals eigentlich nicht so recht, wie die Pauline dazu kam, einen armen Schneider zu heiraten. Sie sei nämlich, so die familiäre Überlieferung, „immer etwas Feineres“ gewesen.

Also war es wohl die Macht der Liebe, von der sich die Pauline Pfleiderer hatte leiten lassen, als sie sich für die Ehe mit dem Dorfschneider Georg Fischer und fürs Leben auf dem Land entschied. Jedenfalls zog das frisch getraute Ehepaar nach der Hochzeit in ein armseliges Leibgedinghaus, um sich dort, mehr schlecht als recht, für die Zukunft einzurichten. Und dort, in einer „jämmerlichen Kammer“, brachte Pauline Fischer am Silvestertag des Jahres 1919 ihren ersten Sohn zur Welt. Er wurde am ersten Sonntag des neuen Jahres in der Dorfkirche von Tumlingen auf die Namen Artur Georg getauft.

Geld war nie im Haus

18 Mark und 50 Pfennig hat der Schneidermeister Georg Fischer bekommen, wenn er einem Tumlinger Bauern einen Sonntagsanzug nähte. Und es war ein Freudentag, wenn der Schneider Fischer einem Bauern einmal einen neuen Anzug anmessen durfte, denn was noch einigermaßen tragbar war, so war's üblich, wurde ausgebessert. Die Bauersleute schonten ihr Festtagsg'wand und damit auch die Schaffenskraft des Schneiders. „Geld war bei uns nie im Haus“, erinnert sich Artur Fischer an die Zeit seiner Kindheit, „aber arm waren wir trotzdem nicht.“ Die Mutterliebe war der Reichtum, der alle Kärglichkeit der frühen Jahre überstrahlte. Und was der Vater seinem Sohn früh schon an Strenge angedeihen ließ, das hat die Mutter mit unerschöpflicher Zuwendung aufgewogen. „Sie hat den Boden geschaffen, auf dem man gehen konnte.“

Tumlinger Freiheit: Wasserspiele am Dorfbrunnen

So weit die Grenzen des Dorfes reichten, so weit reichte auch die Kinderfreiheit für die Tumlinger Mädchen und die Buben. Die Geschäftigkeit des Dorfs wurde vom Wechsel der Jahreszeiten bestimmt, und die Abenteuer des Alltags waren für die Kinder Wunder genug. Die Werkstattüren der Handwerker standen stets weit offen und waren eine willkommene Verlockung für die kindliche

Neugier. Beim Dorfschmied Seid wurden die Pferde neu beschlagen und die Eisenreifen für die Leiterwägen geschmiedet, beim Schreiner Kugler roch es verführerisch nach frischem Holz. Dort, zwischen Bretterstapeln und Hobelspänen, hat es dem kleinen Artur am besten gefallen. Und vom Schreiner Kugler bekam er auch immer wieder ein Stück Abfallholz zum Basteln.

Schaffe, schaffe, Häusle baue: Schneidermeister Georg Fischer mit Familie vor dem neuen Eigenheim

Ein Flugzeug aus Holzresten

Die erste Werkstatt des Artur Fischer war eine recht luftige Angelegenheit. Die Eltern hatten sich während der schweren Inflationszeit der zwanziger Jahre an der Hauptstraße des Dorfes ein Häusle gebaut. Sehr vornehm war es nicht, aber es bot genug Platz für die Schneiderwerkstatt und zum Wohnen. Vor der Gartentür war ein Trottoir aus Beton. Das war fast schon städtisch. Solche Ideen hatte die Mutter. Schließlich war sie „eine Feine". Und nach ein paar Jahren wurde an das Häuschen hinten eine Veranda angehängt. Dort hat sich der Artur, der jetzt schon ein Schulerbub war, bald eine kleine Werkstattecke eingerichtet. Hammer, Säge und Feile waren seine ersten Werkzeuge, auch ein schöner, alter Schraubstock gehörte dazu. Das reichte für den Anfang – zumindest für ein kleines Flugzeug aus Holzresten. Das sah zwar nicht genau so aus wie jene Flugzeuge, die manchmal hoch am Himmel über Tumlingen dahinbrummten, doch hatte es einen Propeller, der sich richtig drehte. Das war schon etwas, auch wenn sich dieser Holzflieger keinen Millimeter über den Boden erhob.

Noch faszinierender war das kleine Wasserrad, dessen Einzelteile der kleine Artur gleichfalls aus Holzabfällen sägte und glattraspelte. Als es soweit gediehen war, daß man seine Tauglichkeit prüfen konnte, begleitete die Mutter ihren Artur an den nahen Bach. Vielleicht hatte sie ein wenig Angst, ihr Bub könnte sich im Eifer des Begeisterung nasse Füße holen. Oder es könnte ihm gar noch Schlimmeres zustoßen. Und dann hätte er nach vollbrachtem Werk daheim mit einem sehr handfesten Tadel des Vaters rechnen müssen. Vielleicht war sie aber auch einfach sehr stolz auf die findige Fertigkeit ihres Sohnes und wollte den Erfolg gemeinsam mit ihm genießen. Vermutlich war es von allem etwas. Für den Artur jedenfalls war es ein Moment des höchsten Glücks, als sich das Rädchen, allein getrieben von der Kraft des Wassers, drehte und drehte … Er hat damals, in seiner kindlichen Begeisterung, wohl kaum bemerkt, daß ihn die Mutter sanft am Hosenträger hielt, während er sich übers Wasser beugte, um die Seitenstützen seines Wasserrads tief in den Grund das Bachbetts zu drücken. Aber er hat gespürt, daß die Mutter hinter ihm stand. So durfte er sich sicher fühlen bei seinem kleinen Wagnis und hatte dabei doch alle Freiheit, sein Experiment glücklich zu vollenden. Dieses Erlebnis aus der Kinderzeit hat sich tief in die Erinnerung des Artur Fischer eingeprägt. Als ein Bild der vollkommenen Harmonie von Freiheit und Geborgenheit.

Mit dem Lernen in der Schule ging's nicht ganz so leicht wie mit dem Basteln daheim auf der Veranda. Aber so hell war der Artur schon, daß der Lehrer die Eltern eines Tages bedrängte, ihren Sohn nach der vierten Klasse Volksschule doch auf die Realschule nach Dornstetten zu schicken. Und das machten sie auch, obwohl das jährliche Schulgeld mit 24 Reichsmark und 60 Pfennig sehr beträchtlich war. Damit ihr Sohn trotzdem auf die höhere Schule konnte, entschloß sich die Mutter, das Familieneinkommen mit Heimarbeit aufzubessern. Sie bügelte in der Kammer unterm Dach Hemdkrägen. Zehn Pfennig gab's für einen sauber geplätteten Kragen. Das war nicht viel, aber eine gediegene Schulbildung ihres Sohnes war ihr diese Mühe wert. Auch sonst hat die Mutter alles dafür getan, daß ihre beiden Kinder – der zweite Sohn Richard wurde 1926 geboren – sich nicht zurückgesetzt fühlen mußten gegenüber den Spielkameraden, den Bauernsöhnen, deren Eltern nicht wie die Fischers auf jeden Pfennig schauen mußten und es sich zum Beispiel leisten konnten, dem Lehrer und dem Pfarrer an Schlachttagen eine Schüssel Metzgersupp' zukommen zu lassen als kleine, habhafte Aufmerksamkeit. Und solche Gaben hatten durchaus ihre Wirkung. Der Vater lehnte es jedoch rundweg ab, das schulische Renommee seines Sohnes mit Extrawürsten zu befördern. Beim Schneider Fischer wurde nur einmal im Jahr geschlachtet. Und das, was eine Sau hergab an Speck und Würsten, mußte für ein ganzes Jahr reichen. Da konnte man sich keine Sonderabgaben leisten.

Vornehme Kirbe-Kuchen

Der Mutter fiel es nicht schwer, die Familie vor dem Ruch der Armseligkeit zu schützen. Sie war ohnehin der festen Überzeugung, daß Reichtum nicht nach Geldeswert zu berechnen sei. Aber ganz zu verbergen war es natürlich nicht, daß es im Haus des Schneidermeisters Fischer nicht gerade üppig zuging. Das spürten auch die Kinder und besonders der sensible Artur. Einmal, zur Herbstzeit, fiel ihm auf, daß in anderen Häusern zur Kirchweih sechs oder gar acht Kuchen gebacken wurden. Daheim aber war der Vorrat an „Kirbe-Beerten" weit geringer. Die Mutter, einfallsreich wie immer, hatte dieses Mal eine Erklärung von besonderer Raffinesse parat. „Bei uns", sagte sie, „isch dr Bode net so dick!" Was im Umkehrschluß bedeutete, daß die Fischers es sich leisten konnten, den dünnen Kuchenboden geradezu üppig mit Obst zu belegen. Und so ein Kuchen war natürlich ein besonders saftiger, ein geradezu vornehmer Kirbe-Kuchen.

Gruppenbild mit Lehrer: Schüler Artur im Matrosenanzügle (dritte Reihe Mitte)

Auf Skiern zur Schule

Frühmorgens zwischen sechs und sieben Uhr machte sich der Realschüler Artur Fischer von seinem zehnten Lebensjahr an Tag für Tag auf den sechs Kilometer weiten Weg nach Dornstetten. Im Sommer mit dem Fahrrad, im Winter auf Skiern, manchmal auch zu Fuß. Das war recht anstrengend für das eher schmächtige, zarte Kind. Ganz abgesehen einmal davon, daß auch noch üppige Hausaufgaben die Lausbubenfreiheit beträchtlich beschnitten. So hielt sich die Begeisterung des „höheren Schülers" für seinen neuen Status ziemlich in Grenzen. Was mit der Zeit auch an seinen Schulnoten abzulesen war. Besonders in der Mathematik taten sich bald bedenkliche Wissenslücken auf. Trotzdem durfte der Artur Fischer zum Schuljahrschluß einmal eine Belobigung mit nach Hause nehmen. Aber das, so jedenfalls sieht er's heute, „war wohl eher ein Zufall". Im Grunde hat ihm das Lernen „keinen großen Spaß gemacht".

Viel spannender war es für ihn, nachmittagelang im Dorf umherzustreunen und zum Beispiel beim Dampfdreschen zuzuschauen. Das war die Sensation im Dorf. Nicht minder interessant waren auch die neuen Heuaufzüge, die jetzt nicht mehr mit Muskelkraft, sondern mit Strom betrieben wurden. Endlich war der technische Fortschritt auch nach Tumlingen gekommen. Und es erschien dem Realschüler Artur als großartig, wie wunderbar die Kraft der Elektrizität den Menschen die Arbeit erleichterte.

Besonders die Dampfmaschinen und ihre ungeheuerlichen Kräfte hatten es dem Buben angetan.

Wunder der Technik: Der Fortschritt kommt ins Heckengäu.

Zumal er diese zischenden und polternden Ungetüme des Fortschritts schon aus den Büchern von Max Eyth, dem großen Ingenieur und Erfinder, kannte.

Er genoß es, beim Lesen dieser Bücher die fernsten Länder kennenzulernen und den Fortschritt der Technik als einen spannenden Wettstreit der Ideen zu erleben. Nicht genug konnte er von diesen Geschichten bekommen. Und mit seinem „Märklin"-Baukasten versuchte Artur die Maschinen nachzubauen, mit denen Max Eyth ein halbes Jahrhundert zuvor die Menschen beglückt hatte.

Diesen „Märklin"-Baukasten hatte Artur Fischer gleich zu Anfang seiner Realschulzeit als Weihnachtsgeschenk bekommen. Schon Wochen vor dem Christfest war er immer wieder vor dem Schaufenster des Spielwarengeschäfts in Dornstetten gestanden, in dem so ein Baukasten ausgestellt war. Und dann, an Heiligabend, lag für ihn wirklich und wahrhaftig genau so ein Baukasten unterm Christbaum. Es war „das schönste Weihnachten", das Artur Fischer je erlebte. „Draußen lag viel Schnee", das weiß er noch heute ganz genau. „Und die Mutter mußte mich vom Spielen wegreißen, damit ich die Kinderkirche nicht versäumte."

Die Prüfung des Apothekers

Durch die Bücher Max Eyths erlebte Artur Fischer den technischen Fortschritt als ein verlockendes Abenteuer. Der Rektor der Dornstetter Realschule aber, der Dr. Fischer, zeigte ihm, daß solche Abenteuer auch Wirklichkeit werden können. Der vorbildliche Pädagoge, der auch ein begeisterter Aquarianer war, unterwies seinen Schüler Artur nicht nur bereitwillig in technischen Fertigkeiten, er verhalf ihm auch zum ersten Erfolg in kaufmännischen Künsten. Genau so ein Aquarium nämlich, wie der Herr Dr. Fischer eines hatte, wünschte sich der Schüler Fischer sehnlich. Nur drohte die Erfüllung dieses Traums wieder einmal am nötigen Geld zu scheitern. „Dann baust du dir halt selber eins“, ermunterte der Lehrer seinen kleinen Bewunderer. „Und die vier Glasröhrchen, die du für die Heizung des Aquariums brauchst, die kaufst du beim Apotheker Schweyer. Aber paß’ auf“, stimmte er seinen Schüler auf die bevorstehende Kaufhandlung ein, „der verlangt sicher eine Mark für jedes Röhrchen! Das ist natürlich zu viel. Du bezahlst nicht mehr als 50 Pfennig fürs Stück.“

Genau so kam’s, als Artur Fischer in der Dornstetter Apotheke stand und vier Glasröhrchen verlangte. „Das macht vier Mark“, sagte der Apotheker, als er die Röhrchen in Zeitungspapier packte. „Aber der Herr Dr. Fischer hat g’sagt, i soll bloß 50 Pfennig zahlen“, wehrte sich der kleine Kunde. Der Apotheker stutzte zunächst. Doch er lenkte schleunigst ein. „Also gut Bub, wenn’s dr Herr Dokter g’sagt hat, dann zahlst du auch nur 50 Pfennig fürs Röhrle." Und schon war das vorteilhafte Geschäft perfekt.

Gerade genug zu tun gab es in der heimischen Bastelwerkstatt des Artur Fischer, nur war dieser technisch-praktische Lern- und Experimentiereifer den schulischen Leistungen nicht gerade förderlich. Als nun seine Tumlinger Schulkameraden nach der Konfirmation die Schule verließen, um eine Lehre anzutreten, und sich der Artur Fischer jeden Tag ganz allein auf den weiten Schulweg machen mußte, da verlor er auch noch den Rest von höherer Bildungsbeflissenheit.

Gerade recht kam ihm in dieser Zeit ein Erlebnis, das ihn in seinem noch ziemlich geheimen Entschluß, der Schule Ade zu sagen, bestärkte. "Guck' Artur, so dick ist mein Arm wieder", klagte die Mutter eines Tages ganz ohne Hintergedanken über die körperlichen Folgen des anstrengenden Rundbügelns der Hemdkragen. Da regte sich in Artur mächtig das schlechte Gewissen. Und er rang sich zu einer für sein Alter sehr gewagten Erkenntnis durch: „Wenn ich im Leben etwas taugen soll, dann geht's auch ohne Realschule!" Die Gewißheit, daß die Mutter fortan nicht mehr um seines Schulgelds willen die Gesundheit würde strapazieren müssen, war ihm eine große Erleichterung. Neben der auch sehr willkommenen Aussicht, in allen Ehren von der Schule Abschied nehmen zu dürfen natürlich.

Segensreiche Flüche

Eine Lehrstelle für den schulmüden Sohn hat der Vater dann überraschend schnell gefunden. Bei einem Meister im nahen Pfalzgrafenweiler sollte der Schulabgänger lernen, Leimöfen zu bauen. Doch war dieser Lehrmeister, wie sich bald zeigen sollte, nicht unbedingt ein Mann, der für einen jungen Menschen zum Vorbild taugen konnte. Und es brauchte nicht mehr als die Gunst des Zufalls, daß es für den Lehrling Artur bald schon wieder vorbei war mit dem Leimofenbau. Und das kam so: Der Oberstift, der dem Jungstift Artur nicht nur an Jahren, sondern auch an Lebenserfahrung weit voraus war, stand eines späten Abends, den er sich mit ersten erotischen Erkundungen recht angenehm vertrieben hatte, vor der verriegelten Haustür. Also versuchte er in seiner Not als Kletterkünstler sein Glück, um seine Schlafkammer zu erreichen. Dabei stürzte er jedoch ab und brach mit beträchtlichem Getöse durchs Dach des Schweinestalls. Wodurch der Meister jäh aus seiner Nachtruhe gerissen wurde, sich zu einem gewaltigen Krawall und auch zu herben Handgreiflichkeiten gegenüber seinem Schutzbefohlenen genötigt sah.

Dieses Erlebnis nun schilderte der Artur seinen Eltern beim nächsten Wochenendbesuch in den schillerndsten Farben. Und er krönte seine Erzählung mit der Mitteilung, daß der Meister bei der Strafpredigt für den Oberstift geradezu heidenmäßig geflucht habe. Die Reaktion der Mutter darauf war so prompt, wie erwünscht: „Vater, der Bub bleibt da!“ sagte sie. Damit war die Sache entschieden. Die verhaßte Lehre war zu Ende, und zumindest für den Stift Artur hatten sich die Flüche des Meisters als ein rechter Segen erwiesen.

Postkarten-Idylle: Stärkung für Leib und Seele

Ein Lehrbub aus christlichem Haus

Schlosserei Müßig, Reinsburgstraße 86

Mit aller Energie und Umsicht bemühte sich Georg Fischer nun, für seinen Sohn eine neue Lehrstelle zu finden. Das war nicht einfach in der Zeit der großen Arbeitslosigkeit. Noch rarer als die Arbeitsplätze waren damals die Lehrstellen. Die Handwerksmeister konnten sich kaum retten vor den verzweifelten Anfragen und Bitten besorgter Eltern, die für ihre Söhne einen Ausbildungsplatz suchten. Da erschien es Georg Fischer fast wie ein Wunder, als er einige Wochen vor dem Osterfest des Jahres 1934 in der Zeitung eine vielversprechende Anzeige entdeckte. Eine Stuttgarter Kunst- und Bauschlosserei, so las er, suche einen anstelligen und fleißigen „Lehrbuben aus christlicher Familie“. Und bald sollte sich dem Schneiderssohn vom Land die Zukunft als ein weiter, städtischer Horizont öffnen.

Zwei Wochen vor Ostern macht sich die Mutter mit ihrem Sohn auf die Reise, um ihren Artur beim Schlossermeister Müßig im Stuttgarter Westen, Reinsburgstraße 86, in die Lehre zu geben. Unter dem Arm die wohlverschnürte „Persil“-Schachtel mit der Leib- und Bettwäsche, dem neuen Arbeitsanzug und mit den anderen kleinen Notwendigkeiten für ein Leben in der Fremde – so steht der neue Lehrbub an diesem wichtigen Tag vor seiner künftigen Patronin Sophie Müßig. Und ehe er sich's recht versieht, wird er in die Werkstatt geführt und dort von den künftigen Kollegen mit Handschlag begrüßt. Dann wird ihm sein möbliertes Kämmerchen in der Wohnung des Malermeisters Gesele im Hinterhaus zugewiesen. Während er nun sein Mitgebrachtes sorgfältig in den Spind packt, trinkt die Mutter bei der freundlichen Frau Müßig ein Täßchen Kaffee. Natürlich vergißt die Frau Fischer auch nicht, der Meisterin die zehn Mark Kostgeld für den ersten Monat zu übergeben und sie um eine freundliche und, wenn es denn einmal nötig sein sollte, auch nachsichtige Behandlung ihres Sohnes zu bitten. Dann macht sie sich in der beruhigenden Gewißheit, daß ihr Sohn in guten Händen sei, wieder auf den Heimweg.

Ein Stück weit darf sie ihr Bub, der jetzt schon in seinem „Blauen Anton“ steckt, noch begleiten. Doch kaum ist die Hälfte des Wegs zurückgelegt, da bleibt der Artur stehen. „So leid‘s mir ist, Mutter“, sagt er, „i kann net mit dir ganz ‘nauf zum Bahnhof. Woisch, i muß jetzt wieder ins G’schäft!“ Und schon dreht er sich um, um zur Werkstatt zurückzulaufen. Bevor er aber in der Hofeinfahrt der Werkstatt verschwindet, dreht er sich noch einmal um, um der Mutter zuzuwinken.

Der Jungstift auf dem Podest

Fünf Minuten vor sieben schon steht der Lehrbub Artur Fischer am nächsten Morgen in der Werkstatt. Aufmerksam hört er zu, wie der Meister Steinegger mit den Gesellen die Arbeit des Tages bespricht. Dann hat der Meister Zeit für den neuen Stift. Er drückt ihm eine Feile in die Hand, legt einen ungefügen Eisenklotz auf eine der Werkbänke und heißt ihn zeigen, was er schon kann. Doch diese Arbeit, das merkt der kleine Artur schnell, hat ihre Tücken. So sehr er sich auch reckt und streckt, die Werkbank ist zu hoch für ihn. Selbst wenn er sich auf die Zehenspitzen stellt, schafft er es nicht, die Feile flach über das Werkstück zu führen. Er ist einfach zu klein. Recht hilflos schaut er sich nun um in der Werkstatt. Und inständig hofft er, daß keiner von seiner Verlegenheit etwas bemerke. Da entdeckt er in der Ecke neben der Esse ein Holzkistchen. Er geht hinüber, nimmt es, stellt es vor die Werkbank, stellt sich drauf, und schon ist er gut 20 Zentimeter größer. Jetzt kann er nach Herzenslust feilen. Und der Meister Steinegger kann sich, als er den Artur auf seinem Podest sieht, ein Schmunzeln nicht verkneifen. Er klopft seinem neuen Lehrbuben anerkennend auf die Schulter. „Gar net schlecht, mach' no so weiter", sagt er dabei. Von dem Kistchen aber, auf dem der Kleine steht, sagt er kein Wort. Dafür ist ihm der Artur von Herzen dankbar.

Schnell fügt sich der Lehrbub Artur ein in die klar abgestimmte Hierarchie der Schlosserwerkstatt. Da ist der Juniorchef Wilhelm Müßig, der nur wenige Jahre älter ist als sein jüngster Stift und erst noch in die Verantwortung für den Betrieb hineinwachsen muß, die ihm nach dem plötzlichen Tod des Vaters zugefallen ist. Dabei unterstützt ihn nach Kräften der Meister Fridolin Steinegger, ein gestandener und erfahrener Handwerker. Ein Mann von herzhafter bis derber Wesensart, der weiß, was er seiner Vorzugsstellung an Strenge und Durchsetzungskraft schuldig ist. Und da sind die drei Gesellen, von denen sich jeder auf die Handlangerdienste der Lehrbuben verlassen kann. Der Würde eines Gesellen am nächsten ist der Oberstift, unter den Lehrlingen der Erste unter Gleichen. So hat jeder in dieser Werkstatt seinen Platz und entsprechend seiner Stellung die ganze Fülle oder eben nur ein Zipfelchen der Befehlsgewalt.

Schweißtreibend und aufreibend wie kaum ein anderes Geschäft in der Schlosserwerkstatt ist das Schmieden von Gartenzaunspitzen, die „in der Wärme", also glühend heiß, zugehauen werden müssen. In Windeseile muß das gehen, keine Sekunde darf zwischen Esse und Amboß vergeudet werden. So ist diese Art der Schmiedearbeit eine strenge Schule der Schnelligkeit. Und wenn Jahre später dem Firmenchef Artur Fischer von seinen Mitarbeitern nicht nur hinter vorgehaltener Hand nachgesagt wird, daß die Tugend der Geduld nicht gerade zu seinen hervorstechenden Eigenschaften gehöre, dann kann er mit Recht auf die funkenumsprühten Lektionen beim Schmieden der Gartenzaunspitzen verweisen. „Zackzack" mußte es da gehen, und was das Arturle als Schlosserlehrbub gelernt hat, das ist dem Artur Fischer eben geblieben.

Die Körperkräfte des Lehrlings Artur werden beim zehnstündigen, manchmal auch zwölfstündigem Tagwerk gründlich geprüft und gestählt. Doch auch die Seele des eher schüchternen und feinfühlenden Jünglings wird bisweilen recht grob traktiert. Zum Beispiel an jenem ohnehin schon trübseligen Regentag, als er vom Meister Steinegger wieder einmal zu Reparaturarbeiten aus dem Haus geschickt wird. Da nimmt er also, wie immer, in eine Hand die Werkzeugkiste und in die andere einen Eimer mit allerlei Arbeitsmaterial und macht sich auf den Weg. Wie er aber so ganz ohne Schutz gegen den Regen und mit eingezogenem Genick über den Hof marschiert, begegnet er der Chefin. Eilends holt sie für ihren Schutzbefohlenen einen Schirm aus dem Haus und drängt ihm den Regenschutz mit der ganzen Kraft ihres Wohlwollens auf. Der Artur schickt sich in die Fürsorglichkeit. Er klemmt den Henkel seines Eimers in die Armbeuge, um eine Hand frei zu bekommen für den Griff des Schirms. Und er ist so sehr damit beschäftigt, die widerstrebenden Schwer- und Zugkräfte von Werkzeugkiste, Eimer und Schirm zu beherrschen, daß er den Meister Steinegger nicht bemerkt, der sein leicht schwankendes, doch immerhin regensicheres Fortkommen kopfschüttelnd beobachtet.

Einige Stunden später jedoch, als der Lehrbub nach getaner Arbeit wieder ebenso wohlbeschirmt zur Werkstatt zurückkehrt, da pfeift der Meister die gesamte Belegschaft zusammen. Und wie ein Wolkenbruch ergießt sich der Hohn der versammelten Belegschaft über ihn. Tief dringt diese Kränkung in seine empfindsame Seele. Er wird diesen schrecklichen Moment der Demütigung als „Modell- und Schirmschlosser“ von Stuttgart ein Leben lang nicht vergessen.

Und das Erlebnis des regentrüben Tages wird auch ganz praktische Folgen haben. Bis heute nämlich duldet Artur Fischer kein schützendes Schirmdach über seinem Haupt. Schirme gibt’s für ihn einfach nicht. Mit aufrechtem Gang trotzt er jeglicher Regenflut. Allenfalls von der schmalen Krempe eines Huts läßt er sich manchmal notdürftig beschützen.

Rübenmus an der Ruhr

Ausgefüllt sind die Tage in der Werkstatt Müßig mit Folgsamkeit und Arbeit. Jeden Tag gibt es Neues zu lernen, und der Artur begreift leicht. Mit Eifer beteiligt er sich auch an den Wettkämpfen für den beruflichen Nachwuchs und schafft auf Anhieb einen ersten Platz. Zur Belohnung darf er nun ein paar Wochen ins Ruhrgebiet, nach Oberhausen, reisen, um zu erleben, wie woanders geschafft wird.

Gast-Arbeiter: Lehrling Artur (links unten) bei Meister Wissing im Ruhrgebiet

Er erlebt tatsächlich Erstaunliches beim Meister Wissing, der neben seinem Eisenwarengeschäft auch eine Schlosserei betreibt. Bei seinem neuen Chef auf Zeit wird die Arbeit nicht nur um neun Uhr am Vormittag zum zweiten Frühstück und später zum Mittag unterbrochen, dort gibt es auch am Nachmittag gegen vier Uhr eine

Pause. Das ist in der Tat ungewöhnlich. Und dazu serviert die Meisterin allen, vom Meister bis zum Stift, Kaffee und Butterbrot mit Rübenmus drauf. Der Austausch-Lehrbub Artur genießt diesen Luxus.

Als er nach seiner Rückkehr in den Stuttgarter Alltag dem Meister Steinegger von solchem Wohlleben erzählt, da bleibt dem fast die Spucke weg. Und erst nach einem Moment der inneren Sammlung vermag er sich doch einen Kommentar abzuringen: „Des gibt's bei ons net, ond des wird's bei ons au nie gebe!" Damit ist der Angriff auf die schwäbische Genügsamkeit abgewehrt. Der Artur aber nimmt sich fest vor, im nächsten Jahr aufs neue beim Berufswettkampf mitzumachen. Aber natürlich nicht allein wegen diesem wirklich sündig süßen Rübeng'sälz.

Längst hat sich der Lehrbub vom Schwarzwald eingelebt in Stuttgart. Die Arbeit ist hart, aber der Meister ist gerecht, und die Kost am Tisch der Seniorchefin Müßig schmeckt. Schön ist auch die Kameradschaft in der Hitler-Jugend, denn da gibt's so manches Jugendabenteuer zu erleben. Nur die Müßigs haben für den neuen Führer Deutschlands offensichtlich gar nichts übrig. Jedenfalls lassen sie bei den Gesprächen am Mittagstisch keinen guten Faden am Hitler. Das sei ein gottloser Mensch, sagen sie, und ein rechter Christ dürfe allein an Gott und Jesus Christus glauben. Das gibt dem Artur doch sehr zu denken. Und bald faßt er einen zwar schweren, aber klaren Entschluß und tritt aus der Hitler-Jugend aus.

Heimweh ist ein hartes Brot

Ohnehin ist er ja an einem Wochenende im Monat noch immer daheim in Tumlingen und bei seinen alten Freunden und Kameraden. Samstags, wenn er die Werkstatt gefegt und die Maschinen geputzt hat, läuft er im Eilschritt mit seiner „Persil“-Schachtel unterm Arm zum Westbahnhof hinauf und steigt um zwanzig Minuten nach drei in den Zug nach Hause. Und bis am Sonntagabend fühlt er sich so herrlich wie im Paradies.

Viel Nützliches hat der Schlosserstift in Stuttgart nun schon gelernt, doch noch immer hat er nicht gelernt, dieses schreckliche Heimweh zu bezwingen. Es will und will nicht Ruhe geben, so sehr er sich auch dagegen wehrt. Und als es ihn eines Abends wieder einmal mit aller Macht überkommt, da setzt er sich in seiner Kammer an den Tisch und schreibt an die Eltern. Einen einzigen Satz nur schreibt er auf die Postkarte, doch der sagt alles: „Liebe Eltern, ich komm' zu Fuß nach Haus'!“

Ein paar Tage später steckt der Meister dem Stift beim Vesper eine Postkarte zu. Und dabei schaut er ihn sehr prüfend an. Verlegen greift der Artur nach der Karte und verschwindet damit auf sein Zimmer. Mit fliegendem Herzen liest er, was der Vater ihm geschrieben hat. „Mein lieber Sohn“, steht da, „Du kannst nach Hause kommen, aber Du mußt sofort wieder retour nach Stuttgart!“ Das ist ein harter Schlag. Und unterschrieben hat der Vater seine Nachricht mit „Dein Dich liebender Vater“. Immer wieder liest der Artur diese Zeilen. Und je öfter er sie liest, desto weniger kann er sie begreifen. Wie kann ein Vater so herzlos sein, rumort's in seiner gepeinigten Seele. Sieht so die Vaterliebe aus? Ein Sohn will heim und darf es nicht. Er liest und liest und kann den Vater beim besten Willen nicht begreifen.

Als er dann heimkommt, am Samstag nach diesem rabenschwarzen Tag und ohne sein Heimkehrergepäck, aber mit einem noch immer frischen Schmerz in der Seele, da wirft er sich der Mutter ans Herz und hofft auf Trost und Antwort. „Des wirst du schon noch sehen, Artur, zu was des gut ist!" sagt sie, und mehr sagt sie nicht. Da fühlt sich der Artur so verlassen wie noch nie in seinem Leben. Noch viel mehr aber als über die Strenge der Eltern staunt er in den Wochen danach darüber, daß dieses schreckliche Heimweh mit einem Mal fast wie weggeblasen ist. Nur selten meldet es sich noch als ein kleines inneres Zittern. Aber damit läßt sich's leben. In Stuttgart und vielleicht auch anderswo.

Tee beim Kunstmaler Kull

Ab und zu am Feierabend ein Gläsle Bier, an langen Sommersonntagen vielleicht einmal eine Vorstellung im Freilichttheater im Bopserwald, viel mehr an großstädtischen Vergnügungen will und kann sich der Lehrbub Artur auch im dritten Lehrjahr nicht erlauben. 15 Mark bekommt er jeden Monat von zu Hause mit nach Stuttgart. Davon gehen zehn Mark ab als Kostgeld an die Seniorchefin. Und zwei Mark und 85 Pfennig kostet die Fahrkarte von Stuttgart nach Schopfloch und retour, die er sich natürlich immer noch leistet jeden Monat. Also bleiben ihm genau zwei Mark und 15 Pfennig als Taschengeld. Was er aber von diesen 2,15 Mark am Monatsende noch übrig hat, wird ins Salär für den nächsten Monat eingerechnet. Das ist recht so, findet der Artur, denn die Eltern sparen sich das Lehrgeld für ihn vom Mund ab.

Manchmal aber weht doch ein Hauch von großer, weiter Welt in den Hinterhof seiner Genügsamkeit. Er kommt vom Vorderhaus und riecht verführerisch nach Tee. Dort nämlich wohnt der Kunstmaler Kull, und der ist ein ganz B'sonderer. Sobald es Frühjahr wird, zieht er sein Motorrad samt Beiwagen aus dem Holzschopf neben der Schlosserwerkstatt, schnallt einen großen Koffer und allerlei andere Dinge drauf und bricht auf nach Italien. Zum Malen, sagen die Leute. Freundlich jedenfalls ist der Kunstmaler Kull. Und noch netter ist seine Frau, die eigentlich eine elegante Dame ist. Aber das läßt sie sich gar nicht so recht anmerken. Jedenfalls tut sie nicht so. Was der Lehrbub Artur natürlich merkt und ihr hoch anrechnet.

Eines Abends nun passiert es, daß die Gattin des Kunstmalers Kull den kleinen Schlosserlehrling aus dem Hinterhaus hinaufbittet in die Wohnung. Also macht er sich so fein, wie es nur geht. Dann schellt er im zweiten Stock des Vorderhauses an der Tür mit dem fein ziselierten Messingschild. Und schon steht der Herr Kull im legeren Hausrock vor ihm, um ihn hineinzubitten. Auf der

Staffelei, mitten im Wohnzimmer, steht ein Bild mit einem wunderbaren Pferd. Wie lebendig das aussieht, denkt der Artur, und ist doch aus nichts anderem als aus Farbe und aus Licht. Gern hätte er das Bild länger und genauer angeschaut. Aber da bittet ihn die freundliche Frau Kull schon an den Tisch.

„Nehmet Sie den Tee mit Milch oder mit Armagnac, Herr Fischer?" fragt sie mit ihrer feinen Stimme. Und der Artur, der sonst nur sehr selten mit „Herr Fischer" angesprochen wird, weiß nicht so recht. Und dann sagt er, vielleicht ein wenig zu hastig: „Bitte mit Milch!" Von einem Armagnac nämlich hatte der Herr Fischer, obwohl er schon zweieinhalb Jahre das Großstadtleben studiert hatte, noch nichts gehört, geschweige denn geschmeckt.

Schlüsselnotdienst

In beruflichen Dingen dagegen ist der Schlosserstift Artur schon beträchtlich fortgeschritten in seinem dritten Lehrjahr. So wird er sonntags im regelmäßigen Wechsel mit den Kollegen auch mit dem Werkstatt-Notdienst betraut. Zu diesen Eileinsätzen steht im Werkstatthof das Notdienst-Fahrrad bereit. Es ist ein sehr fortschrittliches Modell mit komfortablen Halb-Ballonreifen.

In der Honorargestaltung für ihre Sondereinsätze sind die Sonntagsschlosser vollkommen frei. Der Aufwand an Zeit ist ja nicht im voraus abzusehen. Also ist die Sonntagsbereitschaft eine geschäftliche Vertrauenssache. Eine Mark und 50 Pfennig verlangt der Artur anfangs generell für so einen Sonntagseinsatz und hält sich damit genau an die Praxis der Kollegen. Und meistens wird dieser Preis von den Unglücklichen, die ihren Hausschlüssel verlegt oder verloren haben und vor der verschlossenen Wohnungstür stehen, ohne Murren bezahlt. So wagt es der Artur eines Sonntags, nach einer besonders langen und kräftezehrenden Einsatzfahrt, das Honorar zu verdoppeln. Ohne jeden Widerspruch bekommt er seine drei Mark. Natürlich streicht er den Mehrerlös nun nicht stillschweigend als Gewinn ein. Brav gibt er am Montag an, er habe diesmal drei Mark verlangt von der Kundschaft. Der Meister zeigt sich sehr angetan von dieser Geschäftstüchtigkeit und nimmt die volle Summe zufrieden entgegen.

Mehr als ein Lob blieb dem Artur unterm Strich für seine Geschäftstüchtigkeit also nicht. Was ihn nun zwar nicht besonders grämt, aber doch verwundert. So entschließt er sich, beim nächsten Notdienst wieder zur alten Preispolitik zurückzukehren. Wenn er schon selbst keinen Vorteil hat vom Aufschlag, dann sollen die Kunden auch nicht mehr bezahlen. Und fortan versagt er sich jeden weiteren eigenmächtigen Eingriff in die Geschäftspraktiken der Firma Müßig.

Das machen wir anders!

Ansonsten aber hat Artur Fischer erklecklich profitiert von der eigenwilligen Art, wie der Meister Steinegger sein Handwerk auffaßte. Da mochten die Architekten und Baumeister mit noch so ausgetüftelten Plänen, mit noch so exakten Bauanleitungen daherkommen, entschieden hat der Meister die Ausführung der Arbeit erst auf der Baustelle. Und wenn er der Überzeugung war, daß dem handwerklich Praktischen vor dem Theoretischen der Vorrang einzuräumen sei, dann hat er auf seine eigene Erkenntnis gebaut. „Das machen wir anders“, sagte er dann. „Das machen wir so, wie wir's uns vorstellen!“

Jung-Geselle: Artur im Sonntagsstaat

So war der Schlossermeister Fridolin Steinegger, bei aller Unerbittlichkeit und Strenge im kleinen, im großen und ganzen so frei, allein seinem Handwerkerverstand zu trauen. Dieses Beispiel eines unabhängig, nach eigenem Wissen und Vermögen entscheidenden Menschen war für den Lehrling Artur Fischer die große und prägende Lektion seiner Lehrjahre bei der Schlosserei Müßig in Stuttgart. Und so hatte sich am Ende einer mustergültigen handwerklichen Ausbildung das Lehrgeld, das sich die Eltern daheim in Tumlingen vom Mund abgespart haben, für ein ganzes Leben gelohnt.

Hochfliegende Pläne

„Das muß etwas Wunderbares sein", hatte Artur Fischer als Kind schon gedacht, wenn am Himmel über Tumlingen hin und wieder Flugzeuge dahinzogen, von fern her und einem unbekannten Ziel entgegen. Und da ihm nach seiner Schlosserlehre und einem Jahr Gesellenzeit ohnehin sehr nach Aufbruch und Freiheit zumute war, entschloß er sich, seinen Traum vom Fliegen wahr zu machen.

Er meldete sich zur Wehrmacht, um erstens Flugzeugführer und zweitens Offizier zu werden. Das Vermögen, ein hochentwickeltes technisches Gerät zu beherrschen und dabei wie schwerelos dahinzuschweben, erschien ihm als etwas sehr Erstrebenswertes. Und Offizier wollte er auch werden, obwohl er wußte, daß das nicht einfach werden würde bei seiner nicht gerade hochgradigen Schulbildung. Aber er hatte Ehrgeiz genug und glaubte fest daran, daß einer, der nur will, alles erreichen kann. Und vielleicht, so sieht er es heute, war beim Wunsch, Offizier zu werden, auch das ganz spezielle „Mutter-Gen" mit entscheidend – der Drang nach dem „Vornehmeren". Ein Offizier war natürlich etwas Vornehmeres. Ein Mann von Welt, von Bildung und mit den entsprechenden Umgangsformen. Ein feinerer Mensch eben und ein Mensch mit Haltung.

Zwei Ziele hatte sich Artur Fischer gesetzt, und mit beiden, das zeigte sich schon bald, gab es so gewisse Schwierigkeiten. Um zur Pilotenausbildung zugelassen zu werden, war Artur Fischer als Flugzeugführer in spe um genau eineinhalb

Zentimeter zu kurz. Mindestens 1,67 Meter mußte ein Wehrmachtsflieger messen, und so sehr sich Artur Fischer auch unter der Meßlatte reckte und streckte, es reichte nicht. Ein gnädiger Vorgesetzter ließ ihn trotzdem zur Fliegerschule zu. Und nach dem Werkstattdienst büffelte Artur Fischer bis spät in die Nacht fürs Abitur. Das ist seinem Wissensstand sehr gut, seinen Augen dagegen weniger gut bekommen. Also kaufte sich Artur Fischer eine Brille für die angestrengten Augen. Nur vergaß er eines Tages, die Sehhilfe zum Appell abzunehmen – ein sehr verhängnisvolles Versäumnis. Einen Flieger mit Brille konnte sich der Kommandeur ganz und gar nicht vorstellen. Da waren die Vorschriften so exakt wie unerbittlich. Und mit dem Traum vom Piloten war's vorerst aus.

Abgehoben: Flugschüler Fischer im Cockpit

Ein Offizier braucht Abitur

Um so ehrgeiziger bemühte sich Artur Fischer nun um die Laufbahn zum „Technischen Offizier“. Sogar im Reichsluftfahrtministerium in Berlin trug er seinen Wunsch nach Aufnahme in den entsprechenden Lehrgang vor. Doch auch dort verwies man ihn stur auf den Umweg übers Abitur. Und dann kam der Krieg, und alles wurde anders. Artur Fischer blieb beim Jagdgeschwader 52, reparierte die angeschossenen Flugzeuge und machte sie wieder einsatzfähig. Auch an der Front und in Stalingrad, wo er schließlich mit einem der letzten Transporte dem „Todeskessel“ entkam. Gewissenhaft und mit vollem Einsatz erfüllte er seine Soldatenpflicht. Wegen einer schlampig reparierten Maschine, so nahm er sich in die strengste Pflicht, sollte kein Pilot abstürzen. Verantwortlich handeln und stets bereit sein, sich für andere einzusetzen, das hat Artur Fischer der Krieg gelehrt. Und auch, dankbar zu sein für das Glück, zu überleben.

Immer wieder wurde Artur Fischer dann dank seiner umfassenden Kenntnisse und seiner praktischen Erfahrung auch mit der außergewöhnlichen Aufgabe betraut, Offiziere und Hauptleute in Flugzeugtechnik auszubilden. Und sie akzeptierten ihn voll und ganz, trotz seines weit geringeren Dienstgrades. Fachlich, vor allem aber auch menschlich. Er war ein Soldat mit Fronterfahrung und hatte deshalb den Schulungsingenieuren einiges voraus.

In Italien erlebte Artur Fischer als Angehöriger der 10. Fallschirmspringerdivision das Ende des

Kriegs. Er kam in englische Kriegsgefangenschaft; von dort wagte er die Flucht über Österreich nach Hause. Die Hilfsbereitschaft, die er unterwegs immer wieder erfahren hat, nahm er als Geschenk dankbar an.

Und endlich stand er eines Abends im Februar 1946 wieder vor dem Elternhaus. Im ganzen Haus brannte kein Licht. Das war sehr verwunderlich. Vorsichtig klopfte er an die Tür. Aber er bekam keine Antwort. Er versuchte es abermals. Alles blieb stumm im Haus. Obwohl er drinnen ganz deutlich Geräusche gehört hatte. Also klopfte er noch lauter. Und plötzlich wurde die Tür einen Spaltbreit geöffnet. „Ach, du bist's, Artur, komm no rei“ sagte der Vater. „Mir hend grad g'metzget!“ Und so wurde der Heimkehrer mit einer dampfenden Schlachtplatte empfangen. Es war ein wahres Freudenfest. Und daß der Genuß von einem schwarz geschlachteten Schwein stammte, hat ihn nicht im geringsten gestört.

Reparatur gelungen:
Ju 52 wieder startklar!

27 Jahre alt war der Schlossergeselle Artur Fischer jetzt. Als technischer Ausbilder bei der Wehrmacht hatte er sein Wissen und Können weit über das Maß hinaus erweitert, das einen Handwerker gewöhnlich auszeichnete. Dieses Wissen und auch die gründlich geschulte Findigkeit in technischen Dingen waren sein Zukunftskapital.

Dr. Rössgers vielseitiger Assistent

Gründlich sah sich Artur Fischer um nach einer Arbeit – nicht nur in Tumlingen, auch in der weiteren Umgebung. Dabei erfuhr er von einer elektrotechnischen Werkstatt in einer Baracke in der Nähe des Freudenstädter Bahnhofs. Deren Chef, so hieß es, sei ein leibhaftiger Ingenieur und auch noch einer mit Doktortitel. Überdies sei er Chef eines schon recht gut florierenden Kleinbetriebs für Reparaturen aller Art, so wurde erzählt, und beschäftige immerhin schon drei Elektriker und zwei Lehrlinge. Geradezu mit Ehrfurcht sprachen die Leute von diesem Dr. Rössger. Er habe, sagten sie, vor dem Krieg als Mitarbeiter der „Lufthansa" den Funkverkehr für die Überseeflüge der Fluggesellschaft aufgebaut. Deshalb war er für die Kenner des Metiers „der Atlantik-Rössger".

Diesen Dr. Rössger lernte Artur Fischer durch Vermittlung eines Bekannten kennen und war augenblicklich fasziniert vom „Doktor-Ingenieur im blauen Arbeitsanzug". Und als eine einmalige Chance empfand es Artur Fischer, daß dieser Dr. Rössger nach einem ausführlicheren Gespräch bereit war, ihn ohne weiteres einzustellen. Aufträge jeglicher Art wurden von dieser sehr unkonventionellen Werkstatt bearbeitet. Kaputte Sicherungen wurden repariert, ebenso Lampen. Und da der Mangel an Lampen zu jener Zeit überhaupt beträchtlich war, wurde in der Reparaturwerkstatt Dr. Rössger bald eine Lampenproduktion gestartet. Der Schlossergeselle aus Tumlingen drechselte im Gartenhaus der Familie Rössger aus geflammtem Holz mehr oder weniger elegante Lampensäulen und lötete Draht jeglicher Art zu Lampenschirmgestellen zusammen; die wurden dann mit Tapetenresten kunstvoll verkleidet. Immerhin 120 Reichsmark war den Kunden eine solche handgefertigte Lampe wert. So lief das Geschäft sehr vielversprechend an. Eines Tages klopfte der Chef seinem Lampenproduzenten anerkennend auf die Schulter: „Ihre kleine Gartenwerkstatt bringt der Firma mehr ein als alle Reparaturen zusammen."

Notruf aus dem Krankenhaus

Improvisation war die hohe Kunst jener Zeit, und es gab kaum Aufgaben, denen sich Dr. Rössgers furchtloses Team für Reparaturen nicht beherzt stellte. Eines Morgens erreichte den Chef des Kleinbetriebs gar ein Notruf aus dem Freudenstädter Kreiskrankenhaus. Der Röntgenapparat, so die Kunde, habe in diesem Moment seine Funktionstüchtigkeit eingebüßt, es sei dringend Hilfe vonnöten. „Das machen Sie, lieber Herr Fischer!" schreckte der Chef seinen Mitarbeiter aus der Alltagsarbeit auf. Und der „liebe Herr Fischer" machte sich mit ziemlich flauen Gefühlen auf den Weg zum technischen Sondereinsatz. Im Krankenhaus empfing ihn eine verzweifelte Oberschwester und führte ihn vor das defekte Röntgengerät. Es war eine höchst eindrucksvolle „Riesenkiste" ärztlicher Diagnostik. Um nun nicht gar zu unentschlossen zu wirken angesichts der ungeheuerlichen Aufgabe, nahm sich Artur Fischer beherzt den Schalter vor.

Wiedersehen nach Jahren: Dr. Rössger (links) und sein ehemaliger Assistent

Er schraubte die Abdeckung ab, stocherte mit dem Schraubenzieher ein wenig zwischen rätselhaft verschlungenen Drähten herum, dann schraubte er die Abdeckung einfach wieder an. Und nun geschah ein Wunder, mit dem der Reparateur selbst zuletzt gerechnet hatte: Der Apparat nahm seinen Dienst wieder auf. Die ganze Röntgenabteilung feierte nun den kundigen Tüftler wie einen Helden. Weshalb das Röntgengerät aber so unvermittelt wieder funktioniert hat, das ist Artur Fischer bis heute ein vollkommenes Rätsel.

Von langer Hand vorbereitet dagegen war der Umbau eines altersschwachen Feuerwehrautos zu einem Kleinlastwagen. Irgendwo in der Umgebung hatte der Dr. Rössger dieses Fahrzeug organisiert. Und nun machte sich Artur Fischer begeistert an den Umbau. Mit aller Liebe und Sorgfalt schnitt er Bleche zurecht und schweißte sie an den Fahrzeugrahmen. Ungefähr so, wie er es bei der Reparatur beschädigter Flugzeuge gelernt hatte. Als er das Gefährt dann seinem Chef zum Zweck der ersten Probefahrt vorstellte, konnte der nicht genug staunen über das vollbrachte Werk. Vorne sah das Fahrzeug tatsächlich aus wie ein Auto, die Heckpartie aber war einer Flugzeugschnauze zum Verwechseln ähnlich. Doch immerhin, das Zwitterwesen ließ sich fortbewegen. Nur war es, ob seiner eigenwilligen Form, beim besten Willen nicht zu verkaufen. Aber zu Einkaufsfahrten auf den Stuttgarter Schwarzmarkt taugte der Kleinlaster im Flugzeugstil bestens.

Die nächste Idee des Dr. Rössger war es, eine kleine Motorenwicklerei aufzubauen. Nur hatte keiner der beiden eine sehr ausgeprägte Kenntnis von der Technik der Motorenwickelns. Wenigstens hatte der Dr. Rössger einen kleinen Elektromotor, der zwar defekt, als Studienobjekt aber doch sehr geeignet war. Also schickte der Chef seinen Mitarbeiter mit dem Fahrrad in Richtung Tübingen, denn er wußte, daß nicht weit von der Universitätsstadt, in dem Dörfchen Derendingen, schon eine Motorenwicklerei Aufträge annahm. Dort sollte Artur Fischer den schadhaften Motor neu wickeln lassen und nebenbei die Werkstatt möglichst gründlich inspizieren.

Werkstattspion mit Plattfuß

Kurz bevor Artur Fischer nun diese Elektrowerkstatt erreichte, bekam sein Fahrrad einen Plattfuß. Eine sehr mißliche Sache, dachte er, aber nur im ersten Augenblick. In der Werkstatt angekommen, übergab er den Motor zur Reparatur und bat zugleich um die Erlaubnis, seinen Fahrradschlauch in der Werkstatt reparieren zu dürfen. Als ihm dies gestattet wurde, machte er sich in aller Ruhe und Gewissenhaftigkeit ans Werk. Nebenbei aber verfolgte er auf das genaueste die Stationen einer Motorenreparatur. Bis der Werkstattmeister ein wenig nervös wurde und sich mißtrauisch nach der Zahl der Löcher im Fahrradschlauch erkundigte. Da aber hatte der Spion aus dem Schwarzwald schon genug gesehen. Er zog den Mantel auf den Schlauch, nahm den reparierten Motor in Empfang und machte sich auf, um die Freudenstädter Motorenwicklerei voranzubringen.

Es dauerte nicht lange, da wurde das frisch erworbene Wissen dringend verlangt. Eine Arztgattin meldete dem Reparaturbüro Dr. Rössger eine marode Waschmaschine.

Der Augenschein in der Waschküche der Kundin ergab eindeutig einen Motorschaden wegen defekter Motorwicklung. Und weil neuer, isolierter Kupferdraht beim besten Willen nirgends zu bekommen war, dröselte Artur Fischer die Wicklung des Motors auf und spannte den Draht zur näheren Erkundung seiner Befindlichkeit im Garten des Chefs von Baum zu Baum. Zwecks neuer Isolierung bestrich er den Draht dann sehr sorgfältig mit flüssigem Schellack. Das klappte vorzüglich, und bald konnte er das weitläufige Drahtgespinst wieder von den Ästen holen, um den Motor neu zu wickeln. Nur blieb jetzt, wegen der sehr gründlich und üppig aufgetragenen Schellack-Isolierung ein beträchtliches Stück vom Isolierdraht übrig. Was den findigen Motorenwickler zwar ein wenig wunderte, ihn aber nicht sonderlich beunruhigte. Der überzählige Draht wurde kurzerhand abgezwickt.

Die wäschegekühlte Waschmaschine

Natürlich war es Artur Fischer klar, wie sich dieser Umstand auf die Funktionstüchtigkeit des wiederbelebten Motors auswirken würde. Also schulte er seine Kundin gründlich im Umgang mit der reparierten Waschmaschine. Um den Motor in Gang zu bringen, empfahl er ihr zum Start eines jeden Waschgangs ein beherztes „Anschucken" der Wäschetrommel. Außerdem ermunterte er sie, den Motor während des Waschens stets mit einer Ladung feuchter Wäsche zu belasten. Damit, so hoffte er, sei einer Überhitzung des Aggregats wirksam vorgebeugt. Und die glückliche Kundin versprach nachdrücklich, sich an die neuen, etwas ungewöhnlichen Gebrauchsvorschriften zu halten. Um so verdutzter war Artur Fischer, als die Frau 14 Tage später in der Werkstatt anrief und dem Reparateur mit leichtem Beben in der Stimme mitteilte: „Bei mir in der Waschküche brennt's!"

Ungeachtet solch kleiner Mißgeschicke war der Chef höchst angetan vom Fleiß und vom ausgeprägten Geschick seines Mitarbeiters Fischer. Und um ihm dies auch zu beweisen, ernannte er ihn nach einem Jahr fruchtbarer Zusammenarbeit feierlich zum „technischen Assistenten." Mit einer Flasche Wein wurde die Beförderung gründlich gefeiert. Und verdientermaßen fiel an diesem Abend ausnahmsweise der Unterricht in Elektrotechnik aus, den der Chef seinem Angestellten gewöhnlich nach Feierabend erteilte.

Als „technischer Assistent" einer prosperierenden Reparaturwerkstatt konnte Artur Fischer nun auch daran denken, seine mit zärtlichem Eifer angebändelte und inzwischen an Innigkeit recht fortgeschrittene Zweisamkeit mit dem Kindermädchen der Familie Rössger in den Stand der Ehe zu erheben. In der Kirche von Pfalzgrafenweiler gaben sich die kaum mehr als zwanzigjährige Rita Gonser aus Lützenhardt und der sechs Jahre ältere Artur Fischer aus dem Nachbarort Tumlingen am 27. Mai 1947 das Ja-Wort. Die bescheidene Feier bei Kaffee und Kuchen wurde gekrönt mit einer Fahrt in der Pferdekutsche zum Elternhaus des Ehemanns, wo sich das frischgetraute Paar unterm Dach eine kleine Wohnung eingerichtet hatte.

Die Zeit „beim Dr. Rössger", für Artur Fischer bis heute „mit die schönsten Jahre meines Lebens", neigte sich ihrem Ende zu. Der Chef stellte wegen bedeutend gewachsener Auftragslage einen Meister ein, mit dem sich sein technischer Assistent nicht besonders gut verstand.

Ganz in Weiß: Start ins gemeinsame Leben

„Die Chemie stimmte einfach nicht." Nach vergeblichen Versuchen, den kollegialen Umgang einigermaßen erträglich zu gestalten, kündigte Artur Fischer. Es war „ein Sprung ins Leere". Und Rita Fischer fragte mit berechtigter Sorge sich und ihren Mann: „Wie geht's jetzt weiter?"

Zündende Ideen aus der Maurerwerkstatt

Produktion als Ziel

Es ist weitergegangen. Nicht nach einem sorgsam ausgeklügelten Plan, sondern nach den Gesetzen der Aufbaujahre. Der Wille, etwas zu schaffen, war die treibende Kraft, und die Zeit bot Möglichkeiten. Ganz genau wußte Artur Fischer immerhin, was er nicht wollte. Er wollte auf keinen Fall eine Arbeit, bei der er „Stunden aufschreiben mußte". Die „Stundenschinderei" hatte er schon als Lehrbub gehaßt. Da hatte es Aufträge gegeben, die einen Zeitaufwand erforderten, der angesichts des vollbrachten Ergebnisses schlichtweg nicht abgerechnet werden konnte. Und um das Minus beim einen Kunden auszugleichen, mußte beim anderen der Stundenzettel „frisiert" werden, damit die Werkstattbilanz unterm Strich wieder stimmte. Diese Rechenart ging Artur Fischer gründlich gegen den Strich. Für ihn hatte diese gängige Handwerker-Arithmetik den unverkennbaren Beigeschmack von Betrug.

Und deshalb mußte es für ihn „die Produktion" sein, auf deren klares Gesetz von Aufwand und Stückpreis er seine Zukunft bauen wollte. Nur stand ihm Anfang des Jahres 1948 das Ziel sehr viel deutlicher vor Augen als der Weg, auf dem es zu erreichen war.

Der elektrische Glühzünder

So mußte Artur Fischer sich doch mit dem Gedanken anfreunden, sich zunächst mit „Hilfsreparaturen" durchzuschlagen. Aus Brettern, die er sich bei Waldbauern zusammengebettelt hatte, baute er eine kleine Werkbank. Die sollte in einem kleinen Vorraum im Keller des Elternhauses ihren Platz finden. Eine Handvoll Werkzeug war auch noch

Heißer Haushaltshelfer: Artur Fischers Glühapparat

da. Und bei den Bauern gab's immer etwas zu reparieren. Zur Not auch Wagenräder, deren Eisenbeschläge durchgerostet waren. Solange es nichts Neues gab, mußte das Schadhafte ausgebessert werden, so gut es eben ging.

In diesem Umfeld kam Artur Fischer die Idee mit den elektrischen Feueranzündern. Streichhölzer waren Mangelware in jener Zeit. Aber

Strom gab's in jedem Haus und Draht, der auch als Glühdraht taugen konnte, beim Altmaterialhändler. Also entwickelte Artur Fischer einen Feueranzünder, mit dem sich mindestens Papier verläßlich in Brand setzen ließ. Und Rita Fischer ging im Dorf und in den umliegenden Flecken von Haus zu Haus, um diese sehr praktischen Glühzünder anzubieten. Nach einigen Tagen schon war die erste Serie verkauft. Oder eingetauscht gegen Brot, Butter und Speck. Aber auch Geld gab's hie und da für den Elektrozünder. So konnte Artur Fischer im Nachbarort Hörschweiler eine leerstehende Maurerwerkstatt mieten und sie als Werkstatt einrichten.

Gerade recht kam es Artur Fischer da, als sich ihm ein Mann aus einem Nachbarort als Partner anbot. Der hatte während des Kriegs als Zulieferer für die Rüstungsindustrie gearbeitet und besaß noch einige Maschinen, die er in einen gemeinsamen Betrieb einbringen konnte. Und da es Artur Fischer an nichts mehr mangelte als an tauglichen Maschinen, ging er freudig auf das Angebot zur Partnerschaft ein. Nun konnten in der Werkstatt auch aufwendigere Reparaturarbeiten bewältigt werden, was den Takt der Geschäftigkeit deutlich erhöhte und sich auch sehr positiv auf den Kassenstand des Kleinbetriebs auswirkte. Genau dieser Umstand aber war es, der bald zum jähen Ende der Partnerschaft führte. Eines Morgens nämlich mußte Artur Fischer zu seinem nicht gelinden Erschrecken feststellen, daß der Kompagnon über Nacht die gemeinsame Kasse geplündert und seine Maschinen aus der Werkstatt fortgeschafft hatte.

Webstuhlschalter gesucht

In jenen turbulenten Tagen entdeckte Artur Fischer im Anzeigenteil einer überregionalen Zeitung eine sehr interessante Annonce. Eine Weberei in Bocholt, so las er, suchte einen Produzenten für elektrische Webstuhlschalter. Da sich Artur Fischer aus seiner Zeit in Dr. Rössgers Reparaturbetrieb auch in Elektrotechnik einigermaßen bewandert fühlte, war er couragiert genug, auf diese Annonce zu antworten. Und er bekam prompt Antwort. Also machte er sich jetzt auf die abenteuerliche Reise durch drei Besatzungszonen ins ferne Bocholt. Dort ließ er sich von einem Werkmeister Aufbau und Funktion des gewünschten Schaltgeräts erklären, und bei der Heimfahrt in der Eisenbahn hatte er Zeit genug, sich seine ganz persönliche Version eines Webstuhlschalters auszudenken.

Daheim machte sich Artur Fischer nun mit allem Eifer und mit all seinem Improvisationstalent ans Werk. Mindestens soviel Einfallsreichtum wie der Nachbau des Webstuhlschalters nach dem Vorbild aus Vorkriegsproduktion aber erforderte die Materialbeschaffung. Also packte Artur Fischer Brot, Butter und Speck in seinen Rucksack und machte sich auf Beschaffungstour. Im Tausch gegen diese Kostbarkeiten gab's Kupferdraht, Isoliermaterial und alle anderen notwendigen Kleinteile, die für Geld nicht zu haben waren. Für die Kontaktfedern aber schnitt er Granatenkartuschen in Streifen und bearbeitete die schmalen Metallbänder mit dem Hammer so heftig und so ausdauernd, bis sie hart und geschmeidig genug waren, um ihren feinmechani-

Wo alles begann: Artur Fischers erste Werkstatt in Hörschweiler

schen Zweck zu erfüllen. Nach wenigen Wochen schon lag der erste Webstuhlschalter aus eigener Produktion auf dem Tisch der Werkstatt.

Die Bürokratie funktioniert wieder

Artur Fischer bemühte sich nun um die amtliche Betriebsgenehmigung für seine Webstuhlschalter. Die erste Station auf dem Weg zur Prüfstempelsammlung war die Außenstelle Esslingen des Verbandes Deutscher Elektrotechniker. Der dort amtierende Ingenieur zeigte sich immerhin recht interessiert, erkundigte sich aber vor allem nach der Zahlungsfähigkeit des Probanden. 500 Mark müsse er für die Tauglichkeitsprüfung verlangen, beschied er seinen Besucher, den bei dieser Nachricht ein leichtes Schwindelgefühl ergriff. Und überdies sei ihm die Bereitschaft, ergänzte der Herr Prüfingenieur, sich überhaupt mit diesem doch recht eigentümlich anmutenden Gerät zu befassen, hoch anzurechnen. „In vierzehn Tagen können Sie dann das Ergebnis abholen", hörte Artur Fischer gerade noch beim Verlassen des Büros.

Zwei Wochen später stand Artur Fischer wieder im Büro des Prüfingenieurs. Voller Erwartung und mit 500 Mark geliehenem Geld. „Alles soweit in Ordnung, aber die linke Kontaktfeder hängt ein bißle nach", eröffnete der Herr Ingenieur die Diskussion um die Funktionstüchtigkeit des Schaltgeräts. „Ja, so", erwiderte Artur Fischer beflissen, „dann hab' i wohl net g'nug g'hämmert!" Der Ingenieur verstand nicht so recht. Ausführlich erläuterte Artur Fischer ihm nun, wie aus Granatkartuschenstreifen Kontaktfedern geworden waren. Und da sah sich der Prüfer nun doch zu einem anerkennenden Blick genötigt. „Und was haben Sie jetzt vor mit dem Ding?" wollte er wissen. „I mach' a Schalterfabrik uff!“ Nur mit Mühe konnte sich der Herr Ingenieur ein Lächeln verkneifen. In seinem Prüfbericht aber bescheinigte er dem Schaltgerät ausdrücklich die technische Tauglichkeit, und als Dreingabe bekam Artur Fischer ein Empfehlungsschreiben mit auf den Weg, das ihm beim weiteren Marsch durch die technisch-bürokratischen Institutionen sehr nützlich sein sollte.

Frauen-Power: Montageteam der frühen Jahre

„Kennet Sie die 'Elektra', die große Schalterfabrik in Tailfingen", wollte ein etwas bärbeißiger Herr beim Tübinger Fachverband für Elektroindustrie von Artur Fischer wissen. „Nein, kenn' i net!" war die knappe Antwort. „Die machet ihre Gehäuse übrigens im Alu-Guß", versuchte der Verbandsfunktionär seinen Besucher weiter einzuschüchtern. „Bei mir kommt zuerst d' Funktion und dann erst 's Drumrum!", antwortete Artur Fischer selbstbewußt. Und zum Dank für sein unerschütterliches Selbstbewußtsein bekam er die Empfehlung fürs Gewerbeamt.

Interessiert blätterte der Herr vom Gewerbeamt in den mittlerweile recht umfangreichen Unterlagen, die ihm Artur Fischer auf den Tisch gelegt hatte. Kaum hatte er die ersten Seiten überflogen, blickte er auf und musterte sein Gegenüber eindringlich. „Sie kennet doch sicher die 'Elektra' in Tailfingen, Herr Fischer!" Artur Fischer gab sich alle Mühe, gelassen zu bleiben. „Ja", sagte er, „seit genau einer Stund'!" Der Gewerbekundige setzte nach: „Und trotzdem wollet Sie Schalter mache?" Artur Fischer blieb stur. „Ja, und trotzdem mach' i Schalter!"

Vierzehn Tage später hielt Artur Fischer die amtliche Erlaubnis zur Führung eines Gewerbebetriebs in Händen. Und nun ging alle paar Tage ein Päckchen mit Webstuhlschaltern aus Hörschweiler auf die Reise nach Bocholt.

Schwarzarbeit in Hörschweiler?

Alles andere als erfreulich war die Post, die Artur Fischer in den ersten Novembertagen des Jahres 1948 von der Handwerkskammer in Freudenstadt erhielt. Eine Anzeige wegen Schwarzarbeit, so teilte ihm der Sachwalter des organisierten Handwerks mit, sei bei ihm eingegangen, und der Herr Fischer möge sich schleunigst zur Klärung der Angelegenheit auf der Geschäftsstelle der Kammer einfinden. Eigentlich war Artur Fischer, so erinnert er sich heute, „nicht besonders sauer“ über diese Anschuldigung. Er ahnte schon, wer ihn angeschwärzt hatte. Und er war vollkommen überzeugt davon, daß ein klärendes Gespräch genügen würde, um die leidige Angelegenheit aus der Welt zu schaffen. Bis vor kurzem hatte er ja seine Werkstatt tatsächlich ohne jede offizielle Genehmigung betrieben. Also konnte er sich schwerlich über die Anzeige empören.

Besonders verständnisvoll allerdings zeigte sich der Herr Huber von der Handwerkskammer Freudenstadt nicht, als der Vorgeladene ihm die Eigenart seiner Werkstattwirtschaft auseinandersetzte. „Das haben wir gern, ein Schlossergeselle mit einem Einmann-Fabrikbetrieb!“ polterte der Herr Huber und bezichtigte sein Gegenüber damit unterschwellig der Schwindelei. Da nun fühlte sich Artur Fischer doch sehr an seiner Ehre beschnitten und verstieg sich bei seiner Retourkutsche zu einer sehr gewagten Prophezeiung. „Wenn i zehn Mitarbeiter hab’, Herr Huber, komm’ i wieder, und wenn’s fünfzig sind, nomol!“ Genauso hat es Artur Fischer dann gehalten. Und es dauerte, zu seiner tiefen Genugtuung, nicht einmal besonders lange. Da schmunzelte der Herr Huber zwar ungläubig, aber die Anzeige wegen Schwarzarbeit war jetzt immerhin aus der Welt. Und sein einstiger Kompagnon war als Denunziant entlarvt.

Rund um den Kanonenofen: Handarbeit beim Blitzer-Bau

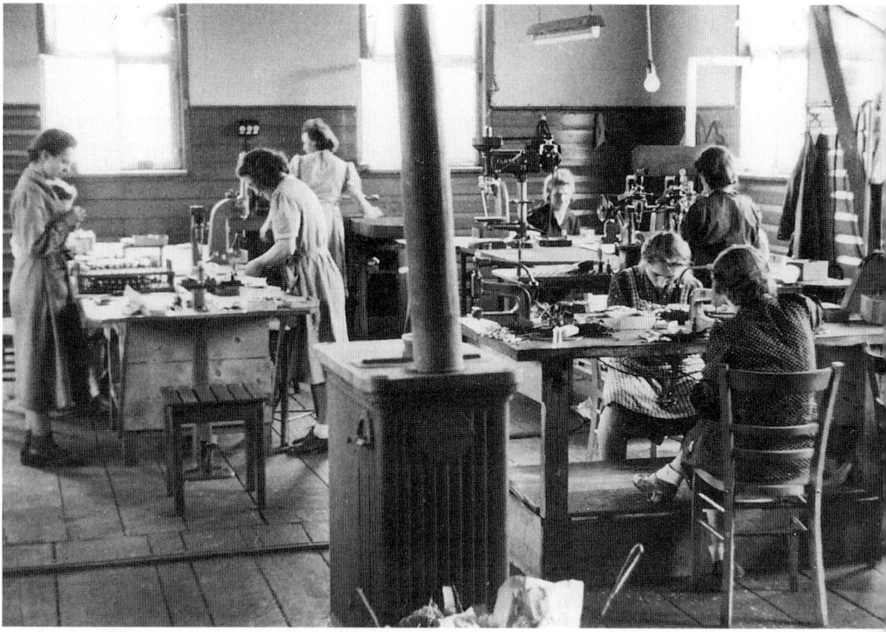

Robust, verschleißarm, zuverlässig

Hoch zufrieden war man in der Bocholter Textilfabrik mit den Webstuhlschaltern aus dem Einmannbetrieb im Schwarzwald. „Robust, verschleißarm und zuverlässig", war das dreifach überzeugende Prädikat, über das sich Artur Fischer freuen durfte. So hatte es sich gelohnt, daß Artur Fischer beim Bau seiner Schaltgeräte sein ganzes Augenmerk auf deren technische Tauglichkeit und weniger auf deren äußerliche Gestalt gerichtet hatte. Und mit seinem Einfall, den Schaltmechanismus mit einer nachstellbaren Schaltwelle zur Vermeidung von Kontaktverschleiß auszustatten, hatte er bei seinem Auftraggeber besonderen Eindruck gemacht.

Bald aber waren auch seine Schaltergehäuse nicht mehr aus handgehämmerten Blech, sondern aus Aluminiumguß, wie jene von der „Elektra" in Tailfingen. Was diese Älbler konnten, das konnte ein Artur Fischer auch. Jetzt konnte er sich's eben leisten.

Weg-Gefährten:
Belegschaft mit
Firmen-Borgward

Das erste Patent

Kein Foto vom „Butzele"?

In Artur Fischers kleiner Werkstattfabrik, die nun schon mit Bohrmaschinen, einer Spindelpresse, einer Fußhebelstanze und mit mancherlei anderen Kleinmaschinen ausgestattet war und unter unter dem Namen „Artur Fischer Schaltgerätebau" firmierte, war es innerhalb weniger Monate sehr lebendig geworden. Aber auch daheim, in der Mansarde des Elternhauses an der Tumlinger Hauptstraße, war es inzwischen enger und auch lebhafter geworden. Am 20. Juni 1948 war die Tochter Margot zur Welt gekommen; sie nahm die ganze Aufmerksamkeit der Mutter in Anspruch. Doch auch dem Vater sollte die Geburt der Tochter bald reichlich Arbeit bescheren. Und schuld daran war die eigentlich nicht sehr ungewöhnliche Idee der Eltern, ihr „Butzele" fotografieren zu lassen.

Also wurde eines Tages die Fotografin von Dornstetten ins Haus bestellt, um von der kleinen Margot Fotos zu machen. Sie kam, stieg mit ihrer Ausrüstung die schmale Treppe zur Dachwohnung hoch, sah sich gründlich um in der niedrigen Mansarde und packte ihre Gerätschaften erst gar nicht aus. „Das ist mir viel zu gefährlich in diesem niedrigen Zimmer", erklärte sie den irritierten Eltern. Und eindringlich beschrieb sie, was passieren könnte, wenn sie unter der niedrigen Holzdecke das Magnesiumpäckchen explodieren lassen würde, um im gleißenden Lichtblitz des Leuchtpulvers auf den Auslöser der Kamera zu drücken. Und um ein Foto ohne Blitzlicht zu machen, war es in der Dachwohnung eindeutig zu düster. Also verabschiedete sich die Fotografin unverrichteter Dinge wieder. Und zurück ließ sie ein tief enttäuschtes Elternpaar.

Auf dem Weg zum ersten Patent

„Das gibt's doch nicht!" empörte sich Artur Fischer über die Unzulänglichkeit der fotografischen Möglichkeiten. Aber seine Entrüstung verpuffte nicht wie ein Zornesblitz unter der Dachschräge der Mansardenstube, sie hielt an. Und sie war heftig genug, seinen Erfindungsgeist zu entfachen. Als erstes machte er sich daran, die Lichtausbeute des gezündeten Magnesiumpulvers zu steigern und baute einen Blitz-Reflektor. Dann suchte er nach einer Lösung, um dem Hantieren mit offenem Feuer beim Entfachen des Magnesiumpulvers ein Ende zu machen. Dazu brauchte Artur Fischer sich nur an seine elektrischen Feueranzünder zu erinnern, schon hatte er die Lösung. Elektrisch mußte das Magnesium entzündet werden.

Daß diese Ideen nicht unbedingt dazu geeignet waren, die Technik des Fotografierens zu revolutionieren, lernte Artur Fischer bei ausgiebigen und auch ergiebigen Gesprächen mit den Praktikern des Fotografenhandwerks. Das, was er sich da ausgedacht habe, berichtete ihm einer, habe es vor dem Krieg schon gegeben. Und außerdem, so mußte er bei seinen fotografischen Recherchen auch erfahren, gebe es inzwischen schon Blitzvorrichtungen mit Glühbirnen. So werde die Ära des Magnesiumblitzens ohnehin bald der Vergangenheit angehören.

Von einer ganz anderen Beschwernis des Fotografenalltags aber erfuhr Artur Fischer bei seinen Gesprächen in den Fotoateliers der Umgebung. Das wirklich Nervenzermürbende beim Fotografieren mit dem Blitz, so klagten die Fotografen, sei es, während des kurzen Aufleuchtens des Magnesiumscheins den Auslöser der Kamera zu drücken. Das sei nicht nur eine Herausforderung für das Reaktionsvermögen eines Fotografen, es sei auch sehr schwierig, dabei noch auf das Motiv zu achten. Dementsprechend würden die geblitzten Aufnahmen leider oft genug aussehen.

Nun wußte Artur Fischer also, was er zu erfinden hatte. Es mußte gelingen, den Auslöser der Kamera und die Lichtquelle des Blitzgeräts gleichzeitig auszulösen. Und zwar bis auf die Hundertstelsekunde genau.

Sobald die Tagesproduktion an Schaltgeräten komplett war, tüftelte er in seiner Werkstatt bis spät in die Nacht an der Lösung des Problems, den Impuls des Fotoauslösers ohne die geringste Verzögerung weiterzuleiten an die Blitzquelle. Elektrisch mußte das natürlich gehen. Also konstruierte er eine Art Schalter, der in das Gewinde für den Selbstauslöser am Fotoapparat eingeschraubt werden konnte. Und diesen Schalter verband er per Kabel mit der Blitzvorrichtung. So flammte das Blitzlicht nun genau dann auf, wenn der Objektivverschluß der Kamera sich öffnete. Der Synchronblitz war erfunden. Und Artur Fischer konnte seine Erfindung zum Patent anmelden.

Unter der Nummer 819 620 wurde das erste Patent von Artur Fischer am 9. Juli 1949 vom Deutschen Patentamt unter der Bezeichnung „Magnesiumblitzlichtgerät für Photoapparate“ in die Rolle der Deutschen Patente eingetragen, denn die erste Version seines „Blitzers“ funktionierte noch mit dem Leuchtpulver. Doch bald stattete er sein Blitzgerät mit Blitzbirnen aus, die damals von einer sehr respektablen Größe waren.

Potz Blitz! Artur Fischer führt die Synchronauslösung vor.

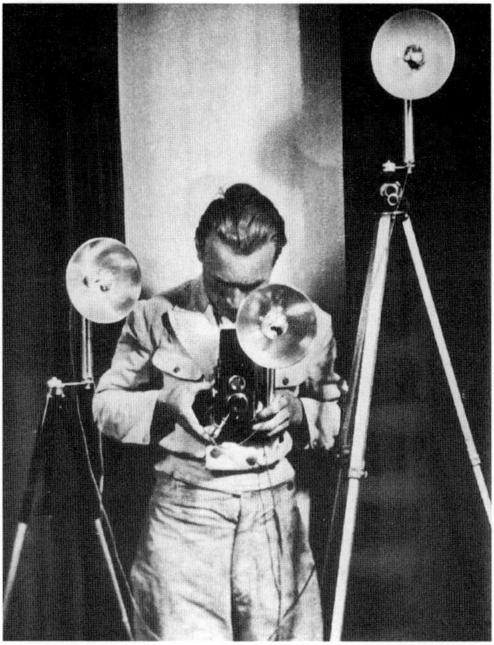

„Blitzer", auf Samt gebettet

Die Erfindung war also gemacht und dank des erteilten Patents gegen unberufene Verwertung geschützt. Nun aber mußte sich Artur Fischer mit nicht geringerer Findigkeit daran machen, sich den Markt für sein patentiertes Produkt zu erobern. Und dazu machte er sich auf nach Frankfurt. Dort, so hatte er bei seinen Gesprächen mit den Fotohändlern erfahren, hatte die renommierte Fotogroßhandlung von Richard Henning ihren Sitz. Die wollte er für sein Blitzgerät interessieren. Also baute er 20 Blitzgeräte auf Vorrat und ließ für jedes vom Schreiner in Handarbeit ein Holzkistchen mit Schiebedeckel bauen. Und weil er bei seinen Recherche-Touren gelernt hatte, daß Fotografen „sehr vornehme Leute sind", bat er seine Mutter, jedes dieser Kistchen mit feinem, blauen Samt auszuschlagen. Wie eine ganz besondere Kostbarkeit lag nun jedes Blitzgerät in seinem Präsentationskästchen. Artur Fischer fand das auch sehr passend so. Er hatte keinen Zweifel daran, daß jedes seiner Blitzgeräte eine erlesene Kostbarkeit war.

Eine „Riesentreppe" hinaufsteigen mußte Artur Fischer mit seinem schweren Musterkoffer mit den 20 „Photo-Blitzern" im Haus der Photogroßhandlung Henning in der Mainzer Landstraße. Dann endlich, innerlich ziemlich erwärmt vom Treppensteigen und nicht minder von einer gewissen Nervosität, stand er vor der Tür zum Büro des Prokuristen, an den man ihn beim Empfang verwiesen hatte. Daß auf dem Namensschild an der Tür der Name „Fischer" stand, nahm Artur Fischer durchaus als ein gutes Omen.

„Ich habe eine neue Blitzlampe!" verkündete der Schlosser, Fabrikant und Erfinder Artur Fischer und hatte damit dem Prokuristen Fischer auch gleich den Grund seines Besuchs genannt. „Und funktioniert die auch?" wollte der Prokurist ziemlich kurz angebunden wissen. Artur Fischer klappte entschlossen seinen Koffer auf, griff nach einem der wirklich sehr vornehmen Etuis, zog den Schiebedeckel auf, nahm „Blitzer" und Auslösegerät vorsichtig heraus, steckte das Auslösegerät auf den Fotoapparat und drückte den Auslöseknopf der Kamera. Ein kraftvoller Lichtblitz erfüllte augenblicklich das Büro. Auf dem Gesicht des Prokuristen Fischer blitzte im selben Moment ehrliches Erstaunen auf, beim Erfinder Fischer dagegen löste sich alle innere Anspannung in selbstbewußtes Wohlgefallen auf. „Und was soll denn so ein Ding kosten?" ergriff nun der Prokurist Fischer die Initiative. „An sich liegen die Herstellungskosten bei neun Mark", antwortete Artur Fischer, „also könnte ich sie auch um neun Mark verkaufen, aber lieber wären mir zehn." „Gut, wir bezahlen Ihnen zehn Mark pro Stück und verkaufen sie für 20, wenn Sie einverstanden sind."

Artur Fischer war mit diesem Angebot sehr einverstanden. „Haben Sie eine Rechnung?" drängte der Prokurist Fischer auf den Abschluß des Geschäfts. „Wir bezahlen sofort, aber mit zwei Prozent Skonto!" Ein jäher Schreck befiel Artur Fischer. „Das sind ja 40 Mark!" Prokurist Henning staunte, lächelte und korrigierte den irritierten Schnellrechner. „Nein, Herr Fischer, das sind bloß vier Mark!"

Als glücklicher, als wohlhabender Mann fühlte sich Artur Fischer, als er mit 196 Mark in der Tasche und mit der verbindlichen Zusage für eine prompte Abnahme weiterer Blitzer-Lieferungen im Zug Richtung Heimat saß. Auf dem Bahnhof in Baiersbronn bestieg er sein Motorrad der Marke „Herkules", das er einige Wochen zuvor gegen das Radio des Vaters eingetauscht hatte, und knatterte voll erhabenem Selbstvertrauen das Murgtal hinauf in Richtung Tumlingen.

Statt Lohn gibt's Speck

Webstuhlschalter für Bocholt und Blitzgeräte für Frankfurt wurden nun in der kleinen Werkstattfabrik in Hörschweiler gebaut, und Artur Fischer konnte bei dieser prächtigen Auftragslage nun beim besten Willen nicht mehr alleine bewältigen, was die Kundschaft verlangte. Also stellte er seine ersten Mitarbeiter ein. Nur, wovon er sie bezahlen sollte, wußte er selbst noch nicht so recht.

Den Ertrag aus den Schaltgeräten für Bocholt hatte der Jungunternehmer ohne allzu ausgeprägte Rücksicht auf das Haushaltsbudget für die Familie in Material und in Maschinen investiert. So gab es für die Mitarbeiter in den ersten Monaten ihrer Betriebsangehörigkeit eine Misch-Entlohnung aus Geld und Naturalien wie Speck oder Butter. Er wußte nicht, wie er einerseits bei den Materialrechnungen nicht in gefährlichen Rückstand geraten und anderer-

seits seine kleine Belegschaft entlohnen sollte. Dies bereitete ihm im Sommer 1949 einige schlaflose Nächte.

Denkpause: Artur Fischer (rechts) im „Erfinder-Eckle"

Aber selbst in jenen Momenten, in denen der eiserne Wille zum Erfolg auch ihm selbst als schiere Waghalsigkeit erscheinen mußte, verlor Artur Fischer nie das Vertrauen in sich und in die Menschen, mit denen er zusammenarbeitete. Ein gesundes Selbstvertrauen, gegründet auf sein Können und seine Zähigkeit, ließ ihn an den Widrigkeiten der äußeren Wirklichkeit nie verzagen. Außerdem vertraute er auf sein Glück.

Auf Treu und Glauben

Die Blitzgeräte für die Frankfurter Großhandelsfirma waren auch für den Batteriebetrieb gedacht. Deshalb wurden für die Blitzer nun reichlich Aluminiumrohre gebraucht, um sie zu Batteriehülsen zuzuschneiden. Außerdem war gleichzeitig eine größere Lieferung von Metall für die Reflektoren der Blitzapparate fällig. Nur Geld, um diese gewichtigen Posten zu bezahlen, hatte Artur Fischer wieder einmal nicht.

Daher ersuchte er die Stuttgarter Firma „Eisen-Fuchs", eine leistungsstarke und renommierte Eisenwaren-Handlung, um einen Materialkredit über 1 000 Mark. Ein Ansuchen, das die Geschäftsführung in beträchtliche Verlegenheit stürzte. Auf die behutsame Nachfrage nach Sicherheiten nämlich mußte Artur Fischer kleinlaut eingestehen, daß er solche nicht bieten könne. Aber er konnte seinem Lieferanten ein ganz anderes, ein sehr außergewöhnliches Angebot machen.

„Leider ist es mir nicht möglich, Ihrem Wunsch zu entsprechen", schrieb er auf einer geliehenen Schreibmaschine an den Eisenwarenvertreter Otterbach bei der Firma „Eisen-Fuchs" in Stuttgart. „Ich habe aber den festen Willen, einen Betrieb auf ehrlicher und sauberer Grundlage aufzubauen. Wenn Ihnen mein Wort als Bürgschaft genügt, dann geben Sie mir bitte Bescheid."

Der Bescheid ließ nicht allzu lange auf sich warten. Und er war positiv. Die Firma „Eisen-Fuchs" lieferte ihrem Kunden Artur Fischer auf Treu und Glauben für 1 000 Mark Rohre. Und als Dank dafür versprach Artur Fischer dem Herrn Otterbach von der Firma „Eisen-Fuchs", bis in alle Zukunft bei keinem anderen Lieferanten einzukaufen, selbst dann nicht, wenn die Konkurrenz ihm bessere Konditionen bieten könne. Ein Vierteljahrhundert bestand diese Geschäftsverbindung, die auf das Versprechen von „Treue gegen Treue" gegründet war. Und die Partnerschaft endete erst mit dem geschäftlichen Zusammenbruch der Firma „Eisen-Fuchs", den auch ein so beständiger und unbeirrbarer Kunde wie Artur Fischer nicht hatte verhindern können.

Bis heute ist Artur Fischer von Herzen dankbar für den großherzigen Vertrauensvorschuß, den ihm die Firma „Eisen-Fuchs" im Mai 1949 gewährte. Von welch außergewöhnlicher Qualität dieser Vorschuß aber tatsächlich gewesen war, das erfuhr Artur Fischer erst einige Jahre später, als sich das ausgefallene „Gentlemen-Agreement" nach Schwabenart bereits zu beiderseitiger Zufriedenheit bewährt hatte. Als sich der Vertreter Otterbach auch bei seinem Vorzugskunden Artur Fischer in den Ruhestand verabschiedete, überreichte er ihm ein Schriftstück, das den Beschenkten doch einigermaßen überraschte. Es war die Expertise eines Informationsbüros über die Kreditwürdigkeit seiner Firma aus dem Frühjahr 1949. Schwarz auf Weiß konnte Artur Fischer da nun lesen, wie die Kreissparkasse Freudenstadt vor Jahren seinen Betrieb beurteilt hatte. „Haus- und Grundbesitz", hieß es, „ist nicht vorhanden. Außer der Werkstatteinrichtung mit nur wenigen Geräten wie Bohrmaschine, Spindelpresse, Fußhebelstanze, Schleifmaschine, Schweißapparat, Schmiede-Esse und diversem Werkzeug dürften Mittel von Belang kaum existieren. Auch wird noch kein Warenlager unterhalten, da sich der Betrieb noch im Aufbau befindet. Urteile aus Lieferantenkreisen über die Zahlungsweise liegen bis jetzt nicht vor, und wenn man auch am Platze noch keine Anstände vernommen hat, so müssen wir doch eine Kreditvergabe als Vertrauenssache behandeln. Bei einem Kredit von DM 1000,– wären unbedingt sichernde Abmachungen erforderlich."

Blitzer-Parade: von groß und stark bis klein und fein

In einem schlichten Rahmen hängt dieses Dokument noch heute im Büro von Artur Fischer. Es ist für ihn mehr als ein originelles Zeugnis der Firmengeschichte. Es ist für ihn ein Dokument dafür, daß es sich auch im Geschäftsleben lohnt, auf das „Prinzip von Treu und Glauben" zu bauen. Und es ist für ihn außerdem ein Beleg dafür, daß Zahlen nur ein Teil der Wahrheit sind und das menschliche Kapital an Einfallsreichtum und moralischer Kraft nicht in Ziffern zu benennen ist. Gerade darauf aber kam es Artur Fischer schon damals an.

Hörschweiler Kuhstall-Diplomatie

Da es mit der Zeit in der Werkstattfabrik an der Hauptstraße von Hörschweiler eng wurde, sah sich Artur Fischer gezwungen, nach einem neuen, geräumigeren Firmendomizil Ausschau zu halten. Sehr gern hätte er seinem aufblühenden Kleinunternehmen natürlich auch einen Fabrik-Neubau gegönnt. Aber ans Bauen war beim notorischen Geldmangel nicht zu denken. Also machte er sich auf die Suche, und er entdeckte, daß die Turn- und Gemeindehalle von Hörschweiler eigentlich viel zu geräumig war für die wenigen Schüler und die seltenen Festlichkeiten im Dorf. Für die kleinindustrielle Geschäftigkeit seines Betriebs aber schien sie ihm dank ihrer lichten Weiträumigkeit wie geschaffen. Nur war Artur Fischer sich vollkommen im klaren darüber, daß er die Aufgeschlossenheit und auch die Courage des Hörschweiler Gemeinderats auf eine sehr harte Probe stellen würde mit seinem ungewöhnlichen Ansinnen. Die Vertreter der Bürgerschaft waren allesamt Landwirte, und in einem Bauernflecken wie Hörschweiler waren Menschen, die sich ihren Lebensunterhalt als „Fabrikler" verdienten, nicht gerade hoch angesehen.

So entschloß sich Artur Fischer, einem eventuellen Scheitern seines Antrags mit seiner ganz persönlichen Überzeugungskraft vorzubeugen. Abend für Abend machte er sich nun zur Zeit der allgemeinen Viehfütterung auf den Weg durch das Dorf und nötigte die lokalen Entscheidungsträger während ihres Stalldienstes zu ausführlichen Diskussionen über die Zukunft des ländlichen Raums im allgemeinen und über das bedenkliche Phänomen der Landflucht im besonderen, die leider überall dort zu beobachten sei, wo die Jugend der bäuerlichen Lebensform überdrüssig sei und aus Mangel an persönlichen Perspektiven der Heimat den Rücken kehre. Auch vergaß Artur Fischer bei diesen sehr bewegten und von durchdringendem Stallgeruch umwehten Debatten nicht, eindrücklich darauf hinzuweisen, welch ein Steuersegen mit der Zeit von einem munter sich entwickelnden Industriebetrieb zu erwarten sei.

Selbstverständlich bestärkte Artur Fischer die Dorf-Honoratioren bei allen naheliegenden und weitläufigen Erwägungen gründlich in ihrer demokratisch fundierten Unabhängigkeit. Nur, merkte er manchmal ganz beiläufig an, sei es natürlich eine Sache, dereinst als weitsichtiger Förderer des Allgemeinwohls in die Annalen der Dorfgeschichte einzugehen, und eine andere, als sturer Zukunftsverhinderer vom Nachruhm schnöde verschmäht zu werden.

Obwohl Artur Fischer seiner Kuhstall-Diplomatie durchaus einen gewissen Einfluß auf die ganz persönliche Entscheidungsfindung eines jeden Hörschweiler Gemeinderats zuzuschreiben vermochte, war er doch erstaunt, als sich das Ratsgremium bei seiner entscheidenden Sitzung ohne Gegenstimme und auch ohne jede Stimmenthaltung dafür aussprach, dem „Fischer Artur von Tumlingen“ die Gemeindehalle zur Miete und zur Nutzung als Fabrikbetrieb zu überlassen. Und der Umzug des Betriebs nahm nun weit weniger Zeit in Anspruch als seine Vorbereitung.

Mit dem „Blitzer" auf die Messe

Auch über den „Blitzer" durfte das Publikum im Jahr 1950 auf der „Photokina" in Köln staunen. Und die Entscheidung Artur Fischers, das Betriebsbudget wieder einmal bis an die Grenzen seiner Belastbarkeit zu strapazieren und seine Erfindung auf der deutschen Fachmesse für Fotografie zu präsentieren, sollte sich schnell bezahlt machen. Die Messekundschafter der Münchner Weltfirma „Agfa" zeigten sich äußerst interessiert, mit dem Tüftler aus dem Schwarzwald ins Geschäft zu kommen. Also wurde noch am Kölner Messestand ein Termin für eingehendere Verhandlungen verabredet. In einem Stuttgarter Foto-Fachgeschäft trafen sich die Entscheidungsbevollmächtigten von „Agfa" dann nur wenige Tage nach Messeschluß erneut mit Artur Fischer, um die Chancen für eine geschäftliche Partnerschaft genauer auszuloten. Artur Fischer war bestens vorbereitet. Für zwölf Mark pro Stück und um keinen Pfennig weniger, so seine Verhandlungsstrategie, würde er der „Agfa" seine „Blitzer" liefern. Und er blieb stur. Da konnten die „Agfa"-Unterhändler noch so feilschen, um den Preis auf elf Mark zu drücken. Erschrocken aber ist Artur Fischer, als sein Preis akzeptiert war und die „Agfa"-Leute ihn mit der Frage überraschten, wieviele „Blitzer" er denn so im Jahr liefern könne. „Wieviel brauchen Sie denn?" wich er der ganz konkreten Frage nach der Leistungsfähigkeit seines Kleinbetriebs aus. „50000 Stück im Jahr!" meinte einer der Verhandlungspartner. Artur Fischer konnte nach dieser Antwort nur hoffen, seine Gesichtsfarbe möge seine inneren Regungen nicht gar zu deutlich widerspiegeln. „Das geht in Ordnung“, sagte er. Damit war er Zulieferer und Partner eines Weltkonzerns geworden.

Arbeit gab’s dank des Großauftrags von „Agfa“ nun reichlich im kleinen Hörschweiler Betrieb. Nur das Geld, das war halt immer noch sehr rar. Dafür hatten Betriebskapital und Umsatz bereits eine eindrucksvolle Höhe erreicht. Nachdem die Firma „Artur Fischer Apparatebau“ am 9. März 1950 beim Amtsgericht Freudenstadt ins Handelsregister eingetragen und am 1. Juli die Eröffnungsbilanz erstellt war, belief sich der Wert der Ausstattung an Maschinen, Werkzeugen und Betriebsmitteln auf nahezu 30000 DM. Und Ende des Jahres 1950 war der Umsatz schon auf annähernd 164000 DM geklettert.

Apparatebau für „Agfa“: Präzisionsarbeit am Montagetisch

Schulden sind doch eine Sünd'!

Trotzdem saß Artur Fischer in dieser Zeit auch sonntags in seinem Büro und vertiefte sich in nicht gerade heiterer Stimmung in den gewichtigen Ordner mit den aufgelaufenen Verbindlichkeiten, um die Schuldentilgungsstrategie für die kommende Woche auszuknobeln. Vor allem für die Mutter, die sehr wohl ahnte, daß ihr Sohn einen nicht geringen Berg von Schulden vor sich herwälzte, war dies ein Schandfleck auf dem ansonsten recht ansprechenden Gesamtbild der Geschäftstüchtigkeit ihres Sohnes. Und Artur Fischer wußte das, auch wenn die Mutter ihn nichts von ihrer tiefen Besorgnis spüren ließ.

Auch am zweiten Weihnachtsfeiertag des Jahres 1950 saß Artur Fischer wieder einmal über seinem Schuldenverzeichnis, als die Eltern ihren Feiertagsspaziergang unterbrachen, um kurz beim Sohn im Büro vorbeizuschauen. „Was schaffsch?" fragte der Vater, als der Sohn beim Eintreten der Eltern seine Aktenordner verdächtig geschwind zuklappte. Noch schneller, als er antworten konnte, befreite ihn die Mutter aus der Verlegenheit. „Komm Vadder, mir ganget wieder!" sagte sie, und damit war die Peinlichkeit vom Tisch. Natürlich hatte die Mutter gespürt, womit sich der Sohn so intensiv befaßt hatte am heiligen Feiertag. Was ja für sich schon nicht gerade gottgefällig war. Dennoch enthob sie den Sohn gnädig der Schuldigkeit, den Eltern die Wahrheit über die finanzielle Lage des Betriebs zu offenbaren. „Angelogen" nämlich hätte Artur Fischer „die Eltern nie".

Viel später erst erfuhr Artur Fischer vom Ortspfarrer, wie sehr die Mutter unter den Schulden ihres Sohnes gelitten hatte. „Mein Sohn macht Schulden, Herr Pfarrer, aber des isch doch a Sünd'!" hat sie dem Tumlinger Seelsorger ihre Gewissensnot entdeckt. Und nicht nur einmal mußte sie der Pfarrer mit dem Hinweis trösten, daß das Schuldenmachen selbst unter Christenmenschen eine doch recht verbreitete Gepflogenheit sei und gewiß nicht die verwerflichste aller Sünden.

G'schafft wird bis um Mitternacht

50 Gramm Aluminiumblech, 138 Gramm Aluminiumstangen, 30 Gramm Messingblech, 40 Gramm Messingstangen und acht Gramm Stahl brauchten die Fischer-Feinmechaniker, um einen „Agfa-Blitzer" herzustellen. Was sie aber außerdem brauchten, war nicht auf das Gramm genau zu benennen, doch um so wichtiger für den Chef: Einen ausgeprägten Hang zur Qualitätsarbeit brauchten sie und dazu die Bereitschaft, es mit dem Feierabend nicht allzu genau zu nehmen. Zehn bis 14 Stunden standen sie an den Maschinen, wenn aus München wieder einmal eine „Blitzer"-Lieferung eingefordert wurde, deren Umfang alles zu Erwartende übertraf. Selbst sonntags wurde dann beim „Fischer Artur" geschafft. Und niemand kam auch nur auf die Idee, das Produktionsziel durch stures Beharren auf die ihm zustehende Freizeit zu gefährden.

Aber Artur Fischer wußte auch, was er seinen Mitarbeitern und ihrer ausgeprägten Leistungsbereitschaft schuldig war. Wenn es sich wieder einmal abzeichnete, daß selbst die Zeit fürs Vesper dem Lieferzwang geopfert werden müsse, dann kam die Frau des Chefs vorbei und verköstigte die gesamte Belegschaft mit einem hausgemachten und sehr habhaften Abendbrot. Und wenn sich die Arbeitszeit dann zuweilen bis gegen Mitternacht hinzog und selbst der munterste Arbeitseifer in Schläfrigkeit zu verdämmern drohte, dann machte der Chef mit der Cognacflasche die Runde, um den Arbeitsgeist mit Weingeist wiederzubeleben.

Selbstverständlich hatte der Arbeitstag auch für den Chef mindestens zwölf, meistens 14 oder gar 16 Stunden. Und da zu jener Zeit der Samstag ohnehin zur Hälfte dem Broterwerb gehörte, konnte der Chef erst am Sonntag so richtig in aller Ruhe seinem eigentlichen und liebsten Geschäft nachgehen – dem Erfinden. Daß der Stillstand der Vater des Rückschritts sei, war für ihn so sicher wie das Amen in der Kirche. Und außerdem war der Vertragspartner „Agfa“ stets begierig, sein Renommee in der Welt der Fotografie durch Marktneuheiten zu festigen und zu kultivieren.

„Agfa-Lux", der Taschenblitz

Also machte sich Artur Fischer nun daran, den Fotografen ihre Arbeit abermals zu erleichtern. Und die Erfindung, die sich Artur Fischer nun einfallen ließ, war nicht minder revolutionär als jene mit dem Synchron-„Blitzer". Er entwickelte für sein Blitzgerät einen „Flächenreflektor im Taschenformat". Dafür unterteilte er den Blitzreflektor in einzelne Segmente, die sich für den fotografischen Einsatz schnell und leicht zu einem „Blitz-Schirm" auseinanderfalten ließen. Und wenn das Bild geblitzt war, dann ließ er sich genauso problemlos auf Taschenformat wieder zusammenfalten. „Agfa-Lux" nannte er dieses neue Produkt seines Erfindungsgeistes. Der „Agfa-Lux" eroberte den Markt mit einer solchen Macht, daß es bald keine dieser unhandlichen Stab-Blitzer mit starrem Reflektor mehr gab. Schon im Jahr 1954 machte die „Agfa" mit dem „Agfa-Lux" einen Umsatz von mehr als einer Million Mark.

Mehr als 100 Mitarbeiter waren es jetzt, die „beim Fischer" schafften, und ein guter Teil von ihnen arbeitete nun nicht mehr in der Turnhalle in Hörschweiler, sondern im neuen Fabrikgebäude in Tumlingen. Dies war im Jahr 1951 errichtet worden, denn der Bürgermeister des Heimatorts von Artur Fischer hatte die Zeichen der Zeit verstanden und auch begriffen, welche Chance es für seine Gemeinde bedeutete, einem Unternehmen Raum zu schaffen am Rand des Dorfs. „Die Ansiedlung von Industrie ist für die Gemeinde Tumlingen und Umgebung besonders wichtig", schrieb der Bürgermeister Hornberger in einer Stellungnahme ans Wirtschaftsministerium des Landes, „weil seither für die Bevölkerung keine Verdienstmöglichkeit vorhanden war. Die Gemeinde wird diesem entwicklungsfähigen Unternehmen jede Unterstützung angedeihen lassen.“ So hat es der weitsichtige Bürgermeister Hornberger dann auch gehalten. Vielleicht hat er damals schon geahnt, daß seine Aufgeschlossenheit sich dereinst nicht nur für die einzelnen Bürger Tumlingens, sondern auch für die Gemeinde insgesamt als sehr segensreich erweisen würde. Artur Fischer hat es auch bei dieser Gelegenheit nicht versäumt, Entgegenkommen mit Großzügigkeit zu vergelten. Es war und ist ihm bis heute eine Freude, seiner Heimatgemeinde alle erdenkliche Unterstützung angedeihen zu lassen.

Zweifellos wäre gerade zu jener Zeit auch die Ehefrau recht erfreut gewesen, er hätte der Familie hin und wieder einen Teil jener Zuwendung angedeihen lassen, die er „fürs G'schäft“ mit nimmermüder Begeisterung aufbrachte. Immerhin war am 17. August 1950 der Sohn Klaus zur Welt gekommen, und die Familie lebte immer noch in der kleinen und engen Mansardenwohnung unterm Dach des elterlichen Hauses. An eine neue Wohnung oder gar an ein eigenes Häusle aber war nicht zu denken. Jedenfalls sah das der Familienvater so. Zuerst kam 's G'schäft, und das Geschäft brauchte die ganze Kraft des Vaters. Und was verdient wurde, das floß in den Betrieb. Daran war nicht zu rütteln. Auch wenn Rita Fischer es manchmal versuchte.

Hell und freundlich: die neuen Arbeitsplätze in Tumlingen

Nicht nur ein wertvoller, sondern auch ein sehr anspruchsvoller Partner war der Münchner „Agfa"-Konzern für das aufstrebende Unternehmen im schwäbischen Heckengäu. Der Erfindungsgeist des Unternehmenschefs und die Qualitätsarbeit seines Betriebs wurden anerkannt und geschätzt. Aber von Zeit zu Zeit neigte der industrielle Goliath sehr dazu, dem David im Schwarzwald deutlich zu zeigen, wer von beiden der Mächtigere war. Ein besonderes Vergnügen hatten die Münchner daran, ihren Partner mit abenteuerlich knappen Lieferterminen zu piesacken. Ebenso mit Reklamationen, deren Berechtigung zuweilen nur sehr schwer einzusehen war. Aber wenn der Große pfiff, dann mußte der Kleine eben tanzen.

„Koreakrise" im Schwarzwald

In eine Verläßlichkeitsprüfung von ungewohnter Brisanz sah sich Artur Fischer im Jahr 1953 gezwungen, als sich im fernen Osten die „Koreakrise" zuspitzte und sich die Welt kurz vor dem Ausbruch eines neuen Weltkriegs wähnte. Kaum hatte sich das Wirtschaftswunder entfaltet, da knirschte die Zukunftsangst wie Sand im Getriebe der schönen Zuversicht. Die Folge war, daß eine plötzlich um sich greifende Materialknappheit den Gang der Produktionen stocken ließ.

„Sie wisset doch, Herr Fischer, mir habet im Augeblick nix, aber auch scho gar nix", seufzte der Prokurist Häberlen von der Firma „Eisen-Fuchs" in Stuttgart ins Telefon, als sein Tumlinger Kunde, der sich mittlerweile zum Großkunden gemausert hatte, den dringenden Bedarf an Federbronze für 50000 „Blitzer" anmeldete. „Um alles in der Welt, Herr Häberlen", flehte Artur Fischer in die Sprechmuschel, „send Se so gut, i brauch des Material. Die 'Agfa' hockt mir mit einem Großauftrag em Kreiz!" Und dann hörte Artur Fischer durchs Telefon für eine gute Viertelstunde keinen Ton mehr vom Herrn Häberlen.

„Jetzt stellet Sie sich vor, Herr Fischer", kam endlich wieder ein telefonisches Lebenszeichen aus Stuttgart, „i hab tatsächlich noch einen Ring Federbronze g'funde! I schick' se Ihne auf dr Stell!" Artur Fischer konnte sich erleichtert die Schweißperlen von der Stirn tupfen. Das Prinzip „Treue gegen Treue" hatte sich in einer schwierigen Situation wieder einmal trefflich bewährt.

Daß sich dieser Dialog so oder so ähnlich nun in verläßlicher Regelmäßigkeit wiederholte, auch als die „Korea-Krise“ längst vergessen war, festigte nur die Partnerschaft zwischen dem Tumlinger Unternehmen und der Stuttgarter Firma. Der Herr Häberlen hatte halt Gefallen gefunden an diesem Spiel und fühlte sich großartig, wenn er seinem Geschäftspartner das Gefühl der Vorzugsbedienung angedeihen lassen konnte. Und Artur Fischer spielte gelassen mit, wenn der Herr Häberlen wieder einmal unter schrecklicher Materialknappheit stöhnte und den Telefonhörer aus der Hand legte, um sich im Materiallager ganz persönlich kundig zu machen. Er wußte ja ganz genau, daß sich der Herr Häberlen jetzt nur mal für eine Viertelstunde lang die Füße vertrat, um ihn dann prompt mit der Meldung zu erfreuen, das Gewünschte habe sich wider Erwarten doch im Lager gefunden und werde augenblicklich auf den Weg gebracht.

Es war nicht allein die schiere Freude an der Schikane, die in den Chefetagen der „Agfa“ zur Gepflogenheit führte, die Improvisationskunst von Artur Fischer und seinen Mitarbeiten immer wieder durch abenteuerliche Liefertermine bis aufs äußerste herauszufordern und die Zahlungsmodalitäten für die Lieferungen aus Tumlingen sehr zum eigenen Vorteil zu gestalten. Die „Agfa“ rechnete nur jeweils zu „Saisonende“ ab, und so vergingen Monate, bis das Entgelt für erbrachte Leistung auf dem Firmenkonto des Produzenten einging. Lohn aber gab es für Artur Fischers Mitarbeiter zunächst im wöchentlichen, dann im monatlichen Rhythmus.

Deshalb „haben wir damals immer von der Hand in den Mund gelebt“, erinnert sich Artur Fischer, „und wenn uns die Banken das Geld für die Löhne nicht gegeben hätten, dann wäre es oft sehr kritisch geworden“. Aber die Banker gingen kein Risiko ein, als sie die an die „Agfa“ ausgestellten Rechnungen als Sicherheit akzeptierten, und waren geschäftstüchtig genug, sich die Zinsen für die vorgestreckten Lohngelder nicht entgehen zu lassen.

Die „Agfa“ wollte, das war für Artur Fischer die klare Botschaft all der Schikanen, den kleinen Partner „kassieren“. Deshalb drangsalierte sie die Tumlinger mit einer an Grausamkeit grenzenden Energie. Aber das Plus, das Artur Fischer gegenüber dem Münchner Goliath hatte und auch auszuspielen wußte, war seine Erfindungsgabe. Jahr für Jahr verbesserte er seine „Blitzer“. Und so sehr sich die Ingenieure und Konstrukteure in München auch mühten, selbst Neuheiten auszuknobeln, der schwäbische Tüftler im Schwarzwald war ihnen stets einen Riesenschritt voraus. Zum Beispiel mit seiner Idee, mehrere Blitzlampen zu einem Blitzlichtquartett zu vereinigen. Mit diesem „Blitzwürfel“ war es nun möglich, ohne lästiges Auswechseln der Blitzbirne viermal nacheinander zu knipsen. Ganz automatisch drehte sich nach einer Aufnahme die nächste Blitzlampe in die Richtung des Motivs. Und wenn das Blitzlämpchenquartett aufgebraucht war, dann wurde dem Fotoapparat eben das nächste aufgesteckt. Wieder hatte Artur

Fischer seinem übermächtigen Partner gezeigt, daß die Kraft der Idee stark genug war, gegen die Kraft des Kapitals zu bestehen.

So ging es, nachdem die wirtschaftlich schwierige Lage während der Korea-Krise überwunden war, auch in Tumlingen wieder aufwärts. Und bald hatte die Belegschaft die Monate der Kurzarbeit vergessen, von der im Jahr 1955 die Mitarbeiter der fischerwerke betroffen waren. Immerhin hatte der Chef es vermocht, die Auswirkungen der wirtschaftlichen Krisensituation einigermaßen zu mildern. Und als sehr vorteilhaft hat sich dabei der ländliche Standort seines Betriebs erwiesen. Die Bauern kamen im Herbst

Industriestandort Tumlingen: der Anfang der fischerwerke

zur Arbeit in die Fabrik und hörten im Frühjahr, wenn die Felder zu bestellen waren, wieder auf. Und wenn viel Arbeit da war, dann sicherten sie sich auch während den wärmeren Jahreszeiten das Zubrot durch die Fabrikarbeit. Zur Not ließen sich die landwirtschaftlichen Pflichten auch nach der Frühschicht noch erledigen. Die zahlreichen Heimarbeiterinnen, die für „den Fischer Artur“ arbeiteten, konnten sich sowieso ohne größere Probleme der aktuellen Auftragslage anpassen. Und wenn im Werk der Arbeitsmangel gar zu krass wurde, dann wurden die Mitarbeiter eben zum Fortbau des Betriebs eingesetzt. Eine Praxis, die all jenen, die mit den Gepflogenheiten innerhalb der fischerwerke nicht allzu vertraut waren, immer wieder so manches Rätsel aufgab: „Der Fischer macht Kurzarbeit, kauft Maschinen, baut und hat kein Geschäft.“

Es war eben nicht so einfach, Artur Fischers Geschäftsgebaren auf die Schliche zu kommen. Artur Fischer störten die Mutmaßungen, die da und dort angesichts seiner unternehmerischer Aktivitäten aufkeimten, kaum. Seine Mitarbeiter wußten Bescheid. Und sie vertrauten ihrem Chef und seinem unerschöpflichen Einfallsreichtum.

Kuriositäten-Kabinett eines Erfinders

Gerade die krisenanfällige Zeit Mitte der fünfziger Jahre hatte Artur Fischer gelehrt, wieviel das Ideenkapital wert war, auf das sich die Existenz seines Betriebs gründete. Also war es für sein Unternehmen überlebensnotwendig, daß die Serie der Neuerungen in regelmäßigen Abständen fortgesetzt wurde. Was den Chef und Erfinder natürlich schwer unter Druck setzte. Artur Fischer mußte nicht nur sich, sondern vor allem seinem begehrlichen Geschäftspartner immer wieder neu beweisen, daß tatsächlich etwas dran ist an jenem Sprichwort, das behauptet, daß Not den Erfindungsgeist beflügle.

„Lumetta", die Faltenreiche

Zur Pionierzeit der Fotografie war es gebräuchlich, zum Betrachten von Lichtbildern ein Tuch aus Leinen möglichst knitterfrei an der Stubenwand zu befestigen. Doch bot so eine Leinwand wegen ihrer doch recht groben Struktur ein nicht besonders perfektes Abbild des Diapositivs. Und auch von jenen Geweben, die diese Wände aus Leinen später ablösten, wurde das Lichtbild nicht unbedingt brillant zurückgeworfen. Von solchem Mangel inspiriert, machte sich Artur Fischer Anfang der sechziger Jahre daran, auch diesem Mißstand abzuhelfen.

Ein neuer Stoff, so seine erste Überlegung, mußte her, um dem Ziel höchster Brillanz näherzukommen. Und weil Artur Fischer inzwischen mit den Werkstoffen der neuen Zeit, mit den so vielseitig verwendbaren und verwertbaren Kunststoffen, schon einige Erfahrung gesammelt hatte, experimentierte er mit einem Kunststoffmischgewebe, um die hergebrachten Leinwände aus dem Feld zu schlagen. Schon die ersten Versuche zeigten, daß so ein Kunststoffgewebe der traditionellen Konkurrenz an Brillanz weit überlegen war. Nur zeigte sich leider bald, daß eine wechselnde Luftfeuchtigkeit die Spannkraft des Tuchs sehr negativ beeinflußte. So straff Artur Fischer und seine Entwicklungshelfer die feinen Tücher auch spannten, nach kurzer Zeit warfen sie erbärmliche Falten. Und bald hatte die neue Leinwand bei allen, die sich nach Kräften mühten, ihr das schrumpelige Wesen auszutreiben, nur noch einen Namen: „Lumetta, die Faltenreiche“.

Ein Patent gab's für die nicht so ganz patente Leinwand trotzdem. Und vielleicht wäre es im Lauf der Zeit sogar gelungen, der so erbärmlich „Faltenreichen“ die notwendige Spannkraft aufzuzwingen. Aber der Kunststoff, aus dem die Erfolgsträume waren, hatte neben der Tendenz zum reichen Faltenwurf noch einen anderen Nachteil: Die mächtigen Ballen, aus denen der brillante Stoff geschnitten wurden, waren für diesen ganz speziellen Zweck nur wenig ergiebig. Aus 20 laufenden Metern Kunststoffgewebe ließen sich absolut fehlerfreie Stoffstücke für höchstens fünf Leinwände gewinnen. Diese Ausbeute war unter wirtschaftlichen Gesichtspunkten natürlich viel zu dürftig. Um so patenter war die Konstruktion des Leinwandgestells. Es ließ sich mit wenigen Handgriffen auseinander- und wieder zusammenklappen. Dafür hatte Artur Fischer Spannelemente aus Nylon entwickelt. Sie gaben auf

Gebügelt: Entwicklungsleiter Gerhard Porlein an der „Lumetta"

Druck willig nach und waren doch von einer sehr verläßlichen Festigkeit. Eine Entdeckung, die Artur Fischer später sehr nützlich sein sollte. Nur wußte er das damals noch nicht, als er die faltenreiche „Lumetta" als das Muster einer Erfindung ohne wirtschaftlichen Mehrwert notgedrungen im Archiv des Mißerfolgs ablegen mußte.

Ein Exemplar aber hat Artur Fischer bis heute in greifbarer Nähe. Und er spannt es vor staunenden Gästen auch gern auf zum Beweis dafür, daß selbst der produktivste Erfindergeist manchmal ins Schwitzen gerät. Die „Lumetta" dankt ihm solche Würdigung dann regelmäßig mit verläßlicher Willfährigkeit. Sie entspannt sich und wirft großzügig Falten.

Eine Guillotine fürs Frühstücksei

Auch der „Eierköpfer" ist ein Beispiel aus Artur Fischers Kuriositäten-Kabinett. Aber diese eigentümlichste unter all seinen Erfindungen ist eben auch ein Beweis dafür, daß dieser Tüftler und Entwicklungskünstler mit unverwüstlicher Beharrlichkeit versuchte, Wege aus der bedrängenden Abhängigkeit vom großen Geschäftspartner in München zu suchen.

Es war noch in den wirtschaftswunderlichen fünfziger Jahren, als eines Tages ein aufstrebender Gastwirt aus einem Nachbarort von Tumlingen an seine Tür klopfte. Er wünschte sich zum Wohl seiner Gäste nichts sehnlicher als ein kleines Gerät, das dazu taugte, ein Frühstücksei kunstgerecht zu öffnen.

Artur Fischer war aufgeschlossen genug, um sich dem Problem zu stellen. Schließlich versprach er sich von einem solchen Kleingerät zur Befreiung des Alltags von unnötiger Mühsal nicht nur Ruhm und Ehre, sondern auch ein blendendes Geschäft. Wenn nur jedes Hotel der Welt sich ein kleines Sortiment solcher maschinellen „Eierköpfer" anschaffen würde, schon allein dann müßte mit dieser Erfindung ein Millionengeschäft zu machen sein. Eine solche Vorstellung beflügelte natürlich die Phantasie im schnell zusammengestellten Entwicklungsteam mächtig. Und bald waren die ersten Entwurfskizzen des Chefs soweit gediehen, daß sich danach der Prototyp einer Guillotine fürs Frühstücksei bauen ließ. Ausgesehen hat dieses Ding dann, so entsinnt sich Artur Fischer – zwar nicht gern, aber genau – etwa folgendermaßen: An einem Metallring von etwa drei Zentimeter Durchmesser war ein kleines, äußerst scharfes Messer angebracht, das mittels einer Metallfeder gespannt und mittels eines kleinen Hebels ausgelöst werden konnte. So ungefähr war der „Eierköpfer" gebaut. Und so konnte er in die Phase der praktischen Erprobung gehen.

Zum Patent eingereicht hat Artur Fischer auch seinen „Eierköpfer", trotz der wenig ermutigenden Praxis-Erfahrungen. Die Antwort des Prüfers aber war deutlich genug: „Das ist kein Patent, das ist nicht einmal eine handwerkliche Maßnahme!" So werden Frühstückseier bis heute mehr oder weniger elegant mit dem Löffelchen aufgeklopft oder per Hand geköpft.

Gewinn zog Artur Fischer aber selbst aus diesem kläglich gescheiterten Projekt. Er hat dabei gelernt, daß es ein vollkommener Unsinn ist, etwas erfinden zu wollen, das eigentlich kein Mensch so richtig braucht. Oder umgekehrt, daß eine Erfindung nur dann sinnvoll ist, wenn sie der Menschheit das Leben tatsächlich erleichtert, ihr also offenkundig nützlich ist. An diese Lehre hat er sich bis heute gehalten. Auch wenn es ihn manchmal alle Selbstbeherrschung gekostet hat, zu der er fähig ist.

„Seetru", eine Schraube mit Tücken

Es war in den ersten Wochen des Jahres 1956, als Artur Fischer einen Anruf von seinem einstigen Lehrmeister bekam, dem Schlossermeister Wilhelm Müßig. Ganz war der Kontakt zwischen den beiden nie abgerissen, obwohl jeder seinen eigenen Weg gegangen war. Und immer wieder hatte es in langen Jahren auch die Gelegenheit gegeben, einander eine Gefälligkeit zu erweisen. Nun aber hatte der Wilhelm Müßig ein ganz besonderes Anliegen an seinen einstigen Stift. Vor einiger Zeit schon hatte er in seiner Schlosserei mit der Serienproduktion von geschmiedeten Treppengeländern begonnen. Und zur Befestigung dieser Geländer in den Treppenhäusern der Neubauten benutzte er einen ganz besonderen Montagebolzen englischer Herkunft, der sich zu diesem Zweck bestens eignen sollte. Irgendwann aber war dieses Ding aus dem Handel verschwunden.

Deshalb bat Wilhelm Müßig nun Artur Fischer, solche Spezialbolzen für ihn herzustellen. Und, so machte der Schlossermeister sein Anliegen noch ein wenig interessanter, nebenbei könne Artur Fischer diese wirklich praktischen Montagebolzen ja auch noch auf eigene Rechnung auf dem Markt anbieten und vertreiben.

Nun paßte ein solches Produkt eigentlich nicht so recht zu einer feinmechanischen Fabrik für Fotozubehör. Aber die Bitte des ehemaligen Chefs hatte natürlich ein ganz besonderes Gewicht. Artur Fischer ließ sich also diese Wunderschraube schicken, schaute sie sich genau an und gab dann Wilhelm Müßig den willkommenen Bescheid, er

Schreck-Schraube: „Seetru" ohne Markterfolg

würde diese Bolzen samt dazugehörigen Schrauben und Muttern produzieren.

„Seetru" hieß das Ding, das aus einer Mutter, einem Zwischenstück aus Gummi und einer Metallhülse samt Schraube bestand und wohl aus England stammte. Genaueres wußte Artur

Werbeaufwand: Überzeugungsarbeit Punkt für Punkt

Fischer nicht darüber. Aber er wußte, daß Meister Müßig diesen Montagehelfer dringend brauchte. Und das war das Entscheidende. Überdies war Wilhelm Müßig überzeugt davon, daß auch seine Schlosserkollegen landauf, landab Gefallen finden würden an diesem Ding. So stellte Artur Fischer einen Vertreter ein, der sich um die Vermarktung dieses offenbar so praktischen Montageteils kümmern sollte.

So begeistert der Wilhelm Müßig auch von diesem „Seetru"-Bolzen war, seine Kollegen konnten sich für die „elastische Schraube mit festem Sitz" nicht begeistern. Entsprechend niedergeschlagen kam der „Seetru"-Vertreter Kettner auch von seinen Verkaufstouren zurück nach Tumlingen. Das wunderte Artur Fischer natürlich sehr. Doch bald mußte er erleben, daß diese Wunderschraube tatsächlich so ihre Tücken hatte.

Artur Fischer nämlich war zu jener Zeit wieder einmal auch Bauherr. Doch nicht, um seinem stetig wachsenden Betrieb eine weitere Produktionshalle zu gönnen, hatte er den Architekten bestellt. Diesmal wurde – endlich – für die Familie gebaut. Und als der Neubau des Eigenheims so weit gediehen war, daß die Handwerker die Fensterläden anbringen konnten, war es für Artur Fischer eine Selbstverständlichkeit, dafür die Montageschraube aus eigenem Haus verwenden zu lassen.

Die Fensterläden hielten aber nur einen Winter. Schon im Frühjahr, nachdem die vier Fischers in ihr schmuckes Häusle eingezogen waren, neigten sich die Fensterläden an der Südseite des Hauses bedenklich aus der Senkrechten. Und als die Sonne frühsommerlich kraftvoll schien, fiel ein Fensterladen nach dem anderen einfach von der Fassade ab. Natürlich interessierte sich Artur Fischer sehr für dieses Phänomen, denn mehr noch als um sein Renommee als gewissenhafter Häuslebauer war er um seinen Ruf als Produzent dieses Montagehelfers besorgt. Er entdeckte, daß die Gummiwülste der „Seetru"-Schrauben, die eigentlich die vollkommene Unverrückbarkeit der Schraubenhülse in der Wand hätten garantieren sollen, an der Frühlingssonne elend dahingeschmolzen waren.

Jedenfalls war nun eindrucksvoll bewiesen, daß diese „Seetru“-Schraube allenfalls für die Anwendung in Innenräumen taugte. Was seine Attraktivität für die Handwerker natürlich deutlich einschränkte. Und als sich die Zahl der Bestellungen mit der Zeit bedrohlich der Null-Marke näherte, verlor Artur Fischer auch den letzten Rest von Sympathie für diesen „Seetru“-Bolzen.

Von einem Tag auf den anderen hatte der Vertreter Eduard Kettner nun nichts mehr zu vertreten. Er saß an einem Schreibtisch in der Buchhaltung, und je länger er sich mit endlosen Zahlenkolonnen beschäftigte, desto trostloser wurde seine Laune. Der Außendienstler fühlte sich im Büro wie in einem Gefängnis. Und eines Tages stellte er den Chef vor eine klare Entscheidung. „Entweder Sie entwickeln einen neuen Dübel, Herr Fischer, oder ich geh'!“ Das war eine glasklare Alternative. Nun wollte Artur Fischer diesen tüchtigen Mitarbeiter auf keinen Fall ziehen lassen. Also mußte er sich wohl oder übel daran machen, einen neuen Dübel zu erfinden.

Hülsen aus Kunststoff

Allein mit Metall aber wollte Artur Fischer sein Dübel-Glück jetzt nicht mehr versuchen. Und diese Einfachdübel aus einer Blechhülse mit eingebördelter Schnur, die von den Handwerkern in großer Zahl verwendet wurden, waren nicht seine Sache. Vielleicht, überlegte Artur Fischer, ließe sich auch da mit Kunststoff etwas machen. Er kannte die Vielseitigkeit dieses Werkstoffs ja aus der Produktion seiner „Blitzer". Das Ziel war jedenfalls klar. Gefragt war eine Hülse fürs Bohrloch, die sich beim Eindrehen der Schraube möglichst nachhaltig gegen die Umgebung stemmte und sich so unnachgiebig wie nur möglich im Bohrloch verspannte.

Also entwickelte Artur Fischer eine Kunststoffhülse, die im Innern eine Kegelmutter barg. Diese Kegelmutter hatte die Aufgabe, beim Anziehen der Dübelschraube die Kunststoffhülse mit Macht auseinander und gegen die Ränder des Bohrlochs zu drücken. Und damit die Kunststoffhülse dem Druck der Kegelschraube willig nachgeben konnte, stattete Artur Fischer sie mit Längskerben, mit eingebauten Sollbruchstellen aus. Nach diesem Prinzip konstruierte er eine Variante für Maschinenschrauben und eine Variante für Holzschrauben. Nur hatten diese beiden Dübelmodelle, so sinnreich sie auch erdacht waren und so tadellos sie ihren Zweck auch erfüllten, einen kleinen, aber doch mißlichen Nachteil. Sie waren so dick, daß die Handwerker für diesen Dübel ein Loch mit doppeltem Dübeldurchmesser in die Wand schlagen oder bohren mußten. Und das zu einer Zeit, da sich selbst die

Handwerker mit noch wenig wirkungsvollen Bohrern abquälen mußten. So kam's, daß der Dübel bei der Kundschaft bei weitem nicht so heftig begehrt war, wie es sein Erfinder erhofft hatte.

Da half es auch wenig, daß Artur Fischer den neuen Montagehelfer mit den Initialen seines guten Namens ausstattete für den Kampf um Marktanteile. Eduard Kettners Auftragsbuch blieb bedenklich dünn. Immerhin konnte er bei der potentiellen Kundschaft fleißig Informationen über die Bedarfslage beim Handwerk sammeln. Und das war sehr nützlich. Kleine Dübel, so seine Botschaft an den Chef, seien bei den Elektrikern und Schreinern vom Bau dringend gefragt. Also mußte die Sache nochmals gründlich überdacht werden.

Die Dübel-Revolution

Ein Dübel mit Zähnen

Eines samstags, als Artur Fischer wie so oft in aller Ruhe in seiner Werkstatt sinnierte und probierte, nahm er einfach ein Rundstück aus Polyamid oder Nylon zur Hand, spannte es in den Schraubstock, griff zur Feile und begann, es heftig zu bearbeiten. Er hatte ja bereits seine Erfahrungen gemacht mit diesem Material bei seiner Arbeit an der „Lumetta". Tiefe Kerben feilte Artur Fischer in das Stück Nylonstab, denn was Widerstand bieten soll, dachte er, muß Zähne zeigen. Und damit sich diese Zähne auch so richtig eingraben konnten in ihre Umgebung aus Mörtel, Beton oder Gips, mußten sie sich gehörig spreizen können. Deshalb spannte Artur Fischer den gezähnten Nylonstab in den Schraubstock und sägte in der Mitte ein gutes Stück ein. So ungefähr auf drei Viertel seiner Länge. Und nun

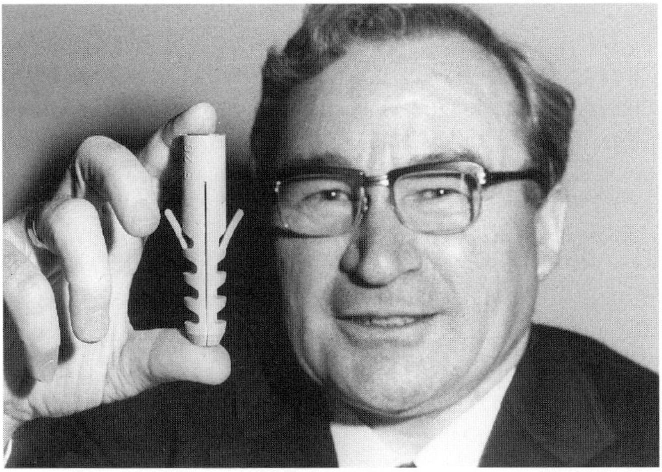

Erfinderstolz: Artur Fischer und sein S-Dübel

setzte er an dem ungezähnten Kopfstück des Nylonstabs den Bohrer an und ließ ihn surren. So lange, bis das Bohrloch weit genug war für ein Schraubengewinde. Jetzt war das Ding schon reif für die Probe aufs Exempel. Behutsam drehte Artur Fischer also eine Schraube in das aufgebohrte Nylonstück. Und je weiter sich die Schraube vorwärts bewegte, desto weiter klafften die beiden gezähnten Dübelhälften auf. Ungefähr so wie ein kleines Krokodilmaul, bei dem die Zähne auf der Außenseite saßen. Artur Fischer war hoch zufrieden. Genauso hatte er sich's vorgestellt.

Die Mitarbeiter staunten nicht schlecht, als der Chef ihnen am Montag früh das sehr eigentümlich anzusehende Ergebnis seines samstäglichen Arbeitseifers auf die Werkbank legte. Aber als sich auch vor ihren Augen die beiden Zahnreihen auf Schraubendruck gehorsam auseinanderspreizten, da begriffen sie sofort.

Es dauerte nicht lange, da hatte der Obermeister Schmid eine Gußform für diesen Plastikdübel gebaut, und die ersten Exemplare fielen aus der Spritzgußmaschine. Und schon konnte der neue Dübel nach allen Regeln der Kunst getestet werden. Das Ergebnis war überwältigend. Wie einbetoniert hielten die Schrauben im Dübel und die Dübel in der Wand. Der Fischer-Spreizdübel war erfunden, und er versprach eine Revolution.

Was ein rechter Erfinder ist, der hat natürlich nicht nur Sinn für den großen Entwurf, sondern auch ein ausgeprägtes Faible fürs Detail. Und

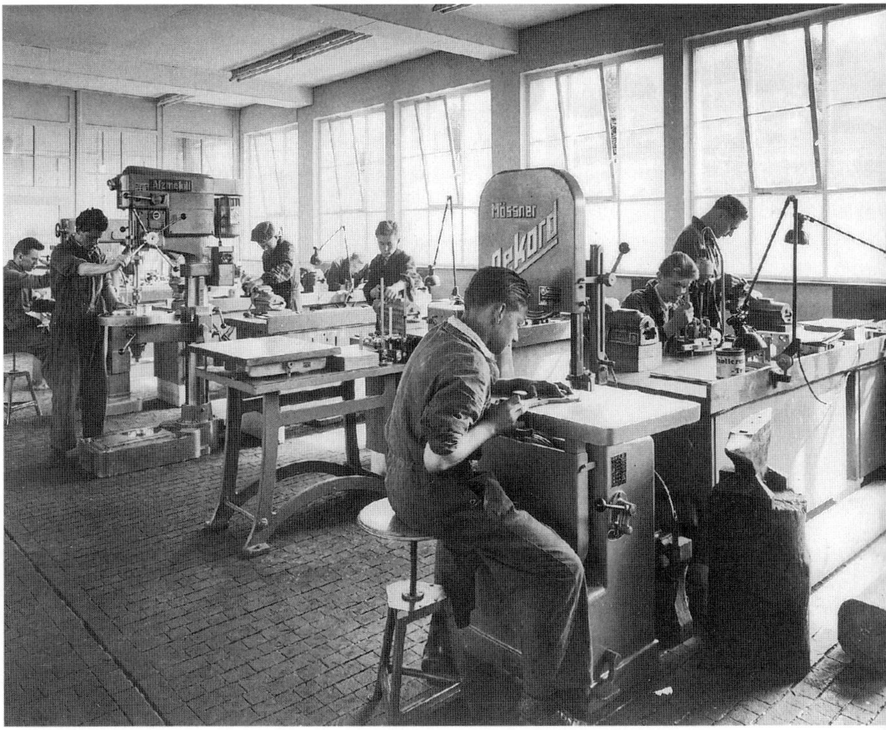

ein Perfektionist wie Artur Fischer sowieso. Bei den Versuchen hatte er entdeckt, daß es einen weiteren Vorteil für den Handwerker bedeuten würde, wenn der Dübel auch schon einigermaßen unverrückbar im Bohrloch hielte, noch bevor er durch die Kraft der Schraube auseinandergedrückt würde. Dann nämlich könnte der Praktiker sein Bohrloch beliebig tief bohren, ohne fürchten zu müssen, daß der Dübel in einem zu tiefen Bohrloch verschwinde. Also bekam

Nachwuchsförderung: gründliche Ausbildung in der Lehrwerkstatt

der Spreizdübel jetzt noch zwei Sperrzungen, die ihm festen Halt verschafften im offenen Bohrloch.

Ohne Rand in die Wand

Eine weitere Stärke, die diesen S-Dübel bei den Praktikern schnell so begehrt machen sollte, war seine vollkommene „Randlosigkeit“. Alle anderen Dübel-Exemplare nämlich hatten an jenem Ende, in das die Schraube eingedreht wurde, einen kleinen Rand. Er sollte verhindern, daß der Dübel vor der Zeit ins Bohrloch hineinrutschte und drin verschwand. Durch die zwei Sperrzungen war dieser Sicherheitsrand bei Artur Fischers Spezialdübel nun überflüssig geworden. Und ein Dübel ohne Rand taugte perfekt auch zur „Durchsteckmontage“. Nicht länger war es nunmehr nötig, sämtliche für die sichere Befestigung eines Gegenstands notwendigen Dübellöcher im voraus zu bohren. Meistens reichte jetzt schon ein Dübelloch, um das zu befestigende Teil provisorisch an die Wand zu schrauben und dann genau auszurichten. Die restlichen Dübelschrauben-Löcher konnten dann durch das Objekt hindurch in die Wand geklopft oder später, als die Schlagbohrmaschinen die Handwerkerarbeit weiter erleichterten, auch gebohrt werden. Der randlose Dübel ließ sich widerstandslos durchs Objekt

Amtlich: Patentschrift für den Spreizdübel

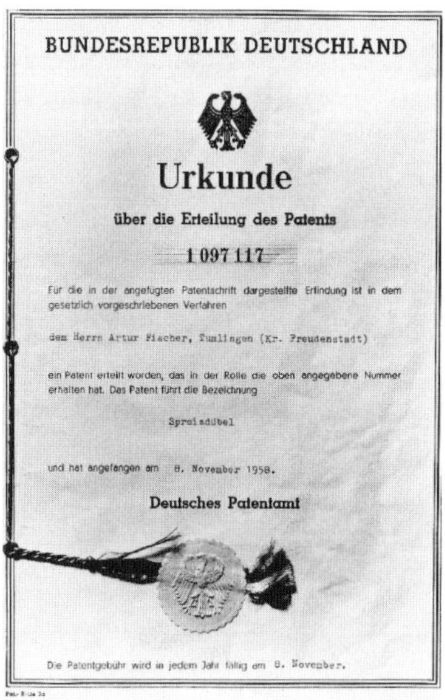
BUNDESREPUBLIK DEUTSCHLAND

Urkunde

über die Erteilung des Patents

1 097 117

Für die in der angefügten Patentschrift dargestellte Erfindung ist in dem gesetzlich vorgeschriebenen Verfahren

dem Herrn Artur Fischer, Tumlingen (Kr. Freudenstadt)

ein Patent erteilt worden, das in der Rolle die oben angegebene Nummer erhalten hat. Das Patent führt die Bezeichnung

Spreizdübel

und hat angefangen am 8. November 1958.

Deutsches Patentamt

Die Patentgebühr wird in jedem Jahr fällig am 8. November.

Ausgedehnt: Im „Lindele" wächst das Werk.

bis ins Loch in der Wand stecken. Eine Technik, die für jeden Schreiner und auch für jeden Heimwerker eine gewaltige Arbeitserleichterung und eine beträchtliche Zeitersparnis bedeutete. Und für den S-Dübel einen weiteren entscheidenden Vorteil gegenüber der Konkurrenz.

Dank all dieser nützlichen Eigenschaften war der S-Dübel nun wirklich perfekt. Was ihm und seinem Erfinder am 8. November 1958 auch das Deutsche Patentamt in München mit seiner Patentschrift für den Spreizdübel bescheinigte. Und bald darauf, was nicht weniger wichtig war, der Markt.

Nur das Beste ist das Richtige

Immer dann, wenn Erfinder ihr Werk glücklich vollbracht haben, schlägt die Stunde der Rechner. Schließlich hat jedes Produkt auch einen Preis. Und der ist oft genug entscheidend für seine Konkurrenzfähigkeit auf dem Markt. Also machten sich in den fischerwerken nun die Rechner über den neuen Dübel her. Sie erkannten schnell, daß der Chef sich für seine neue Erfindung ein geradezu sündhaft teures Material ausgesucht hatte. Acht Mark kostete ein Kilogramm Polyamid oder Nylon zu jener Zeit und war damit auch vom Preis her einer der edelsten Kunststoffe überhaupt. Eine Tatsache, die selbst der Kundenberater des Kunststoff-Giganten BASF dem Dübelerfinder bei einem Besuch in Tumlingen sehr eindringlich bestätigte. Dieser wirklich uneigennützige Kundenberater nahm seine Beraterpflicht sogar so ernst, Artur Fischer nachdrücklich von der Verwendung des teuren Nylon zur Dübelproduktion abzuraten. Und als er erkennen mußte, daß sein wohlgemeinter Rat nicht auf fruchtbaren Boden fiel, bedrängte er die engeren Mitarbeiter Artur Fischers, dem Chef diese kostspielige Idee doch auszureden. „Für diese Dübel", meinte er, „ist Nylon viel zu schade."

Aber Artur Fischer blieb unnachgiebig. „Für unsere Kunden", darauf beharrte er, „ist das Beste gerade gut genug und das Richtige." Also wurde der Spreizdübel aus Nylon gemacht. Schließlich hatte das letzte Wort immer noch der Chef. Und diese Entscheidung, so gewagt sie auch war, war schließlich die Grundlage des Dübelerfolgs nach Artur Fischers Machart. Schon auf seiner ersten

Verkaufsreise mit dem neuen Dübel meldete der Vertreter Eduard Kettner aus Rheinfelden telegrafisch Unerhörtes nach Hause: „Von diesem Dübel könnte ich in der Woche 10 000 Stück verkaufen!“ Ein Vielfaches davon hatte der unermüdliche Fischer-Vertreter der ersten Stunde nur wenige Monate später schon verkauft. Und daheim durfte der Chef sich an dem grafischen Abbild des wunderbaren Erfolgs begeistern. „Im rechten Winkel ging die Umsatzkurve jetzt plötzlich nach oben.“ Und auch die Bilanz unterm Strich war sehr überzeugend.

Premiere: der erste Messeauftritt 1958 in München

Erfolgreiche graue Eminenz

Durch und durch schwarz waren die ersten S-Dübel, die vom Schwarzwald aus die weite Welt des Handwerks eroberten. Um angesichts des hohen Preises für das Nylon-Granulat die schöne schwäbische Tugend der Sparsamkeit nicht ganz aus dem Blick zu verlieren, hatte man das Angebot der BASF, hin und wieder auch Rohmaterial mit kleinen Farbfehlern zu liefern, nicht vollkommen mißachtet. Und immer wieder fielen bei der Produktion der Kunstoffreflektoren für die „Blitzer" auch fehlerhafte Teile an, die wieder eingemahlen und für die Dübelproduktion verwendet werden konnten. Um nun bei diesem gemischten Grundmaterial die Kundschaft nicht durch eine Vielzahl von Farbschattierungen zu irritieren, kamen die Dübel zunächst in reinem Einheitsschwarz aus den Spritzgußmaschinen. Allerdings beschwerten sich die Handwerker bald gegen diese Farbgestaltung. Viel zu auffällig seien diese schwarzen Dübel an den meist hellen Wänden der Wohnungen, klagten sie, sogar hinter Tapeten seien sie noch zu erkennen.

Überzeugend: klares Bekenntnis zum Fischer-Dübel

Also wurde in den Tumlinger fischerwerken nun intensiv über eine neue Farbgebung für den S-Dübel nachgedacht. Die Entscheidung fiel schließlich zugunsten eines lichten, freundlichen Grau. Und das nicht von ungefähr. Grau war die Farbe der Arbeitsmäntel in Handwerkerkreisen, und diesem Grau, dem Farbton handwerklicher Alltagstüchtigkeit, wurde die Dübelfarbe nachempfunden. Eine Farbwahl, die immerhin ganz selbstverständlich auf die Voraussetzung baute,

Saure Wochen, frohe Feste: Maß-voller Genuß in Hannover …

… und Suppenkasperei mit Maxl Graf in München

daß einem Handwerker die Signalfarbe seiner Geschäftigkeit als durch und durch sympathisch erscheinen müsse. Es war eine Entscheidung, deren Schlüssigkeit eigentlich nur auf dem Humus der schwäbischen Vorstellungswelt gedeihen konnte. Doch erwies sich das hellgraue Kalkül bald auch außerhalb des Schwäbischen als sehr marktgerecht. Als graue Eminzenz zeigte sich der S-Dübel im Konkurrenzkampf noch stärker als zuvor.

Flotte Käfer: der Außendienst mit neuen Firmenwagen

Es dauerte nicht lange, da befaßte sich auch die Konkurrenz sehr intensiv mit diesem Fischer-Grau. Nachdem die machtvolle Anziehungskraft dieses Farbtons allgemein erkannt wurde, wechselte plötzlich auch so mancher andere Dübel seine Farbe und drängte gleichfalls in diesem offenbar so verführerischen Grau auf den Markt. Doch Artur Fischer war weitschauend genug gewesen, sich für seinen S-Dübel einen Ausstattungsschutz zu sichern. Und nach einem Musterprozeß mußte auch der schärfste Konkurrent auf dem Dübelmarkt klein beigeben. So ist das charakteristische Grau des Fischer-Dübels bis heute ein Markenzeichen seiner besonderen Qualität.

Der Chef in Fahrt: von Herkules bis Daimler

Die Erkenntnis, daß auf dem Weg zum Erfolg auch die rein mechanische Mobilität sehr von Nutzen sein kann, hatte Artur Fischer eigentlich schon als Realschüler, als er damals zur Sommerzeit seinen täglichen Bildungsweg mit dem Fahrrad bei weitem bequemer meisterte als im Winter zu Fuß oder auf Skiern. Und während seiner Lehrzeit in Stuttgart wußte er die kommode Art der Fortbewegung per Straßenbahn sehr zu schätzen. Auch das Fahren mit der Eisenbahn war ihm zu jener Zeit ein großer Genuß, vor allem dann, wenn er mit der Gäubahn von Stuttgart aus in Richtung Heimat dampfte. Rein geschäftlich-praktischer Natur allerdings war während seiner ersten Jahre der Selbständigkeit die Entscheidung, den Radioapparat seines Vaters zu Markte zu tragen, um ihn gegen ein Motorrad einzutauschen. Eine zwar alles andere als nagelneue und auch keine besonders edle Maschine hat Artur Fischer sich für das väterliche Radio eingehandelt, doch immerhin eine einigermaßen verläßliche „Herkules". Wenigstens so verläßlich war diese Maschine, daß sie, wenn sie denn einmal in Fahrt war, recht willig ihres Wegs schnurrte. Bis das aber soweit war, brauchte es oft genug mehr als nur die Muskelkraft, die der Kickstarter verlangte. Mit einem Schweißbrenner mußte Artur Fischer während der kälteren Jahreszeit vor jeder Motorradfahrt die Zündkerzen anwärmen, um sie auf Betriebstemperatur zu bringen.

Glücklicherweise hatte sich diese Besonderheit schnell bei seinen Kunden und Lieferanten herumgesprochen. So stand das ungewöhnliche Mo-

torrad-Startset meist schon bei der Ankunft des „Herkules“-Ritters bereit, um ihm den Heimweg zu garantieren. Eine eher geringe Mißlichkeit war es im Vergleich dazu, daß sich der Gummimantel am Gasgriff des Lenkers in der Hitze der Fahrt beträchlich erwärmte und sich dabei in kleine Krümel auflöste, die dann in der Handfläche von Artur Fischer ein sehr ausgeprägtes Beharrungsvermögen zeigten. Was dazu führte, daß Artur Fischer nach einer Motorradfahrt nur sehr zögerlich bereit war, seine Rechte zum Handschlag anzubieten.

Beschleunigtes Fortkommen: der Chef und sein „Opel Olympia"

Der geschäftliche Erfolg und die erhöhten Anforderungen an das Transportwesen der Firma brachten es dann gegen Mitte der fünfziger Jahre mit sich, daß Artur Fischer seine „Herkules“ außer Dienst stellte und sich ein Lastwägelchen aus der Werkstatt des Plochinger Automobilbauers Gutbrod gönnte. Und es war ihm natürlich eine Ehrensache, sein erstes vierrädriges Firmenfahrzeug persönlich im Werk abzuholen. Daß er dazu eigentlich auch einen Führerschein gebraucht hätte, störte Artur Fischer kaum. Die Straßen waren zu jener Zeit wenig befahren und das Risiko, dabei mit der Strenge uniformierter Gesetzeshüter zu kollidieren, ziemlich berechenbar.

Bereits zwei kleine „Gutbrod“ standen vor der Firma, als Artur Fischer sich schweren Herzens entschloß, dem Zwang seiner gewachsenen Repräsentationspflichten zu gehorchen und sich einen Personenwagen anzuschaffen. Es war eine schon ziemlich gebrauchte Limousine der Marke „Ford“. Als diese nach wenigen Jahren bedenkliche Symptome fortschreitender Altersschwäche zeigte, wechselte Artur Fischer zu einem spitznasigen Opel „Olympia“, und dieses Gefährt brachte es immerhin zu Presse- und Reklame-Ehren.

Ein Opel schaukelt am Haken

Eines Tages nämlich kam der stets einfallsreiche Eduard Kettner auf die Idee, die Beharrungskraft des ersten Fischer-Dübels, des „AF-Dübels", recht bildhaft vorzuführen. Er verankerte einen Dübel von der Stärke 16 Millimeter im Türsturz der Firmengarage, hängte den schwergewichtigen Opel daran auf und bat die Presse zur Dokumentation und weiteren Verbreitung dieser Sensation an den Ort des ungewöhnlichen Dübeltests. Und wenig später wurde dieser zumindest lokal recht aufsehenerregende Dübeltest auch werbewirksam verwertet. „Ein begeisterter Reporter brachte es unlängst in der Presse", legte sich der Reklametexter ins Zeug. „Vor seinen kritischen Augen wurde ein 'Opel Olympia' an einem Dübel mit einer 16 Millimeter Schraube an die Garagendecke gehängt. Selbst heftiges Schaukeln vermochte nicht, die große Last dem kleinen Wunderdübel zu entreißen." Die Hoffnung allerdings, der pfiffig eingefädelte Reklame-Gag würde nun augenblicklich eine heftige Nachfrage nach dem „neuzeitlichen Montagedübel" nach sich ziehen, erfüllte sich nicht. Und das Chefauto blieb künftig auf dem Boden.

Nach dem so vielseitig verwendbaren Opel „Olympia" stieg Artur Fischer in den sechziger Jahren auf einen „Daimler-Diesel" um. Und diesem unverwüstlichen Gefährt hielt er nun solange die Treue, bis sich seine engeren Mitarbeiter nach Jahren der gelassenen Duldung genötigt sahen, den Chef zum Kauf eines neuen zu drängen. Sie sorgten sich nämlich ernstlich um den Ruf einer Firma, deren Chef bei den Kunden mit einem

Reklame mit Haken: Sondereinsatz für den „Opel Olympia"

Gefährt vorfuhr, das alles andere als wirtschaftliche Prosperität ausstrahlte. Obwohl sie sich damit um den lange Jahre verläßlichen Genuß brachten, ein weit vornehmeres Auto zu fahren als ihr oberster Vorgesetzter.

Schließlich hatte der Chef ein Einsehen. Und als er eines Tages wirklich und wahrhaftig mit einem neuen Mercedes auf den Werkshof fuhr, war die Freude der Belegschaft allgemein. Das Verständnis dafür, „daß ein Auto auch ein Status-Symbol sein kann", geht Artur Fischer allerdings bis heute ab.

Kennen Sie dieses Bild?
Ein begeisterter Reporter brachte es unlängst in der Presse. Vor seinen kritischen Augen wurde ein »OPEL-Olympia« an einem Dübel mit einer 8 mm Schraube an die Garagendecke gehängt. Selbst heftiges Schaukeln vermochte nicht die große Last dem kleinen Wunderdübel zu entreißen.
Es war
der neue A·F·Dübel
raffiniert in der Konstruktion
vollendet in der Anwendung!
Was sind nun die Vorzüge dieses neuzeitlichen Montagedübels?
Eine denkbar einfache Montage!
Man bohrt ein Loch mit dem doppelten Schrauben-Ø, führt den Dübel ein und zieht vermittels der Schraube das Montageteil an. Das ist alles!
Höchste Sicherheit und Belastbarkeit
durch erprobtes Material und ausgeklügelte Form.
Dauerhaft und beständig
gegen Witterungs- und Alterseinflüsse. A-F-Dübel sind einem guten Mauerwerk an Festigkeit gleichwertig.
Äußerste Schonung
des Mauerwerks, kein Ausbessern tapezierter oder gestrichener Wände nötig.
Überraschend niedriger Preis
und erhebliche Zeiteinsparung in der Handhabung. Zwangspause zum Abwarten des Anziehens von Gips und Zement fällt weg. Gönnen Sie sich Ihre Zigarette lieber nachher zur Feier der geglückten Montage mit dem A-F-Dübel.
1 bohren
Mit wenigen Handgriffen ist die Montage fertig und sofort betriebsbereit!
2 einsetzen
3 anbringen
4 festschrauben
Kein Ärger durch Montageübel - spielend schafft's der A·F·Dübel

Erfinden ist Herzenssache

Kinderspiel statt Weihnachtsschnaps

Nicht nur das Lebensgefühl und das Durchschnittsgewicht der Deutschen veränderte der wachsende Wohlstand der Wirtschaftswunderjahre, auch die weihnachtliche Kultur des Schenkens und Beschenkens nahm deutlich an Üppigkeit zu. Ein Trend, der sich auch in den Vorzimmern der Unternehmenschefs breit machte. Raumbeherrschend stapelten sich dort in den Tagen der Vorweihnachtszeit die Präsente, mit denen sich ergebene Lieferanten für das Glück geschäftlicher Gemeinsamkeit erkenntlich zeigten. Auch in Artur Fischers Sekretariat erreichten die Geschenkberge Jahr um Jahr neue Höhen. Und obwohl er diesen Verbindlichkeitskult eigentlich mit sehr gemischten Gefühlen betrachtete, sah er sich gehalten, Gleiches mit Gleichem vergelten. Also wurden auch in den Packstuben der fischerwerke echt Schwarzwälder Kirschwässerchen, echt Schwarzwälder Schinkenstücke samt echt Schwarzwälder Vesperbrettchen zu Präsentsendungen zusammengestellt und in die nähere und fernere Welt verschickt.

In den Wochen vor dem Weihnachtsfest des Jahres 1963 aber, als sich sein Vorzimmer wie alle Jahre wieder mit allerhand Tand zu füllen beginnt, entschließt sich Artur Fischer zur kreativen Rebellion. Er verpflichtet sich erstens, in Zukunft nicht mehr die Geschäftsfreunde, sondern die Kinder der Geschäftsfreunde zu bescheren. Und er beschließt zweitens, ihnen ein Spielzeug zu schenken, das gut genug ist, um die Gestaltungsfreude der Kinder anzuregen und zu fördern.

Vom Dübelmarkt ins Spielzeugland: Tochter Margot mit einem fischertechnik-Großmodell

Spaß soll dieses Spielzeug natürlich zuerst und vor allem machen. Aber das versteht sich für Artur Fischer von selbst.

Von diesem Anspruch inspiriert, macht er sich an den Weihnachtstagen also ans Werk. Es ist genau die richtige Zeit, sich diesem ungewöhnlichen Vorhaben zu widmen. Artur Fischer macht sich in Gedanken auf den weiten Weg zurück in seine Kinderzeit, und schon sieht er sich mitten in der Stube des Elternhauses auf dem Boden sitzen, sanft bestrahlt von einem Lichterbaum und selig vertieft ins Spiel mit seinem „Märklin"-Baukasten. Richtig warm wird es ihm da ums Herz, und damit ist die Sache entschieden. Einen Konstruktionsbaukasten wird er entwickeln. Doch dann spürt Artur Fischer ganz deutlich diese kleinen Schrauben und Schraubenmuttern zwischen den Fingern, mit denen er damals die Eisenstücke, Eisenschienen und Eisenwinkel zu Flugzeugen, Autos und Kränen zusammengeschraubt hatte. Diese Schräubchen, die so leicht aus den Fingern rutschten und so oft verloren gingen im Eifer der Bastelfreuden. Also müssen sich seine Baukastenelemente ohne Schrauben zusammenbauen lassen und auch ohne Schrauben zusammenhalten. Und möglichst vielseitig müssen sich diese Elemente zusammenfügen lassen. Jedenfalls so, daß die Kinder ihrer Phantasie beim Spiel freien Lauf lassen können. Denn nur dann, das weiß Artur Fischer ganz genau, lernen sie auch etwas beim Spiel.

fischertechnik: freies Spiel der Phantasie

Nach den Festtagen kann sich Artur Fischer an den praktischen Teil der Arbeit machen. Und natürlich prüft er auch jetzt seinen Lieblingskunststoff Nylon oder Polyamid auf dessen Tauglichkeit als Baukastenelement. Aus einem Polyamidstück sägt er sich einen sauberen Quader zurecht, und an einer der beiden quadratischen Flächen läßt er einen kleinen Zapfen stehen. Und jetzt feilt Artur Fischer genau in die Mitte der anderen fünf Flächen und parallel zu den Quaderkanten sich nach oben verengende Kerben ein. Diese Kerben werden genau so ausgefeilt, daß sich der kleine Zapfen eines Nylonklötzchens in eine der Ker-

Fernsehreif: der fischer-technik-Erfinder ist ein gefragter Studio-Gast.

ben eines anderen Nylonklötzchens einführen läßt. Und schon hält das Zäpfchen die beiden Klötzchen fest zusammen. Damit ist der Grundstein für das System fischertechnik entwickelt. Und Artur Fischer darf sich jetzt schon aufs nächste Weihnachtsfest freuen und darauf, daß er seine Geschäftsfreunde und deren Kinder dann mit einem wirklich originellen und auch sinnvollen Präsent überraschen kann.

Je länger und lieber Artur Fischer sich allerdings mit seiner kinderfreundlich verspielten Geschenkidee beschäftigte, desto abenteuerlicher entwickelte sich das Spiel mit den vielseitigen

Klötzchen. Zu den Klötzchen kamen Rädchen, die Rädchen brauchten Achsen und die Achsen samt Rädchen Winkelstücke und natürlich auch Verbindungsplatten, denn wie sollte ein phantasievoller Nachwuchstechniker sonst diese wunderbaren Dinge wie Autos, Flugzeuge, Schubkarren, Traktoren, Lastwagen, Motorräder, Schiffe, Kräne und all die anderen Herrlichkeiten bauen, die Kinderträume so schön und so abenteuerlich machten. So nah war Artur Fischer die Traumwelt der Kindheit auch mit gestandenen 45 Jahren noch. Also kam eins zum anderen, bis sein Modellbaukasten komplett, perfekt und natürlich auch patentiert war. Da konnte er's leichten Herzens verschmerzen, daß er sich bei der Kalkulation der Entwicklungszeit für den Fischer-Konstruktionsbaukasten gewaltig verrechnet hatte. Zum Weihnachtsfest 1965 war er schließlich da. Zur Freude der Kinder und auch zu Freude seines Erfinders. Und damit dieses Ereignis auch so ein richtiges Fest wurde, bescherte Artur Fischer die komplette erste Auflage der Produktion der „Aktion Sorgenkind“. Verkauft wurde dann erst im neuen Jahr.

Der Baukasten begeistert: Spiel-Spaß auch für japanische Kinder

Königlicher Besuch: Queen Elisabeth II. auf der Messe in Shrewsbury

So findet sich die fischertechnik bald in den Spielwarengeschäften Deutschlands, Europas und auch in Übersee. Die Kinder sind begeistert von den schier grenzenlosen Möglichkeiten des Baukastens, und die einschlägig kundigen Erwachsenen werden nicht müde, auch die pädagogische Qualität des Spielzeugs aus dem Schwarzwald zu rühmen. Eine Auszeichnung nach der anderen darf Artur Fischer für seine kinderfreundliche Erfindung entgegennehmen. Ein Jahr

Mit Handschlag und Urkunde: Bereits 1966 wird fischertechnik in Frankreich zum „besten Spielzeug" gewählt.

nach der Premiere von fischertechnik gibt's aus Frankreich zum ersten Mal das Prädikat „Meilleur Jouet" fürs beste Spielzeug des Jahres, fünf Jahre später darf Artur Fischer in Frankreich gar den „Oscar de Jouet", den „Oscar des Spielzeugs", entgegennehmen, und im Jahr 1976 wird fischertechnik in Holland zum „Spiel des Jahres" gekürt.

Doch da hat fischertechnik schon längst die Kinderstuben in vielen Länder erobert. Und immer wieder darf sich Artur Fischer über Briefe freuen, in denen Eltern über die Begeisterung berichten, mit der ihre Kinder sich der fischertechnik hingeben, über den Einfallsreichtum, den sie beim Spiel an den Tag legen. Wenig Erbauliches dagegen erfährt Artur Fischer aus der Bilanzbuchhaltung seines Unternehmens. Die fischertechnik, so melden ihm die unbestechlichen Rechner von dort, ist ein Geschäft, bei dem das Unternehmen gewaltig drauflegt. Und je steiler die Umsatzzahlen steigen, desto eindrucksvoller ist auch der Verlust, der mit fischertechnik eingespielt wird. Mehr als eine Million Mark sind es schließlich jedes Geschäftsjahr, die in der Gesamtbilanz des Unternehmens als Minus aufs Konto fischertechnik gehen.

Aber dagegen stehen auf der ideellen Habenseite für den Chef „die leuchtenden Kinderaugen". Und ein solches Unternehmensergebnis ist mit Geld ohnehin nicht zu bezahlen, meint Artur Fischer. Und von Zahlen läßt sich Artur Fischer die Freude am Freudemachen bis heute nicht verderben. Soviel Freiheit braucht er einfach. Als Unternehmer und vor allem als Mensch.

Fischer & Fischer: Chorleiter und Erfinder beschenken sich gegenseitig.

Ein Orthopäde auf der Bau-Messe

Irgendwann an einem Wochenende Mitte der sechziger Jahre bummelt der Arzt Jean Nicolas Muller durch die weitläufigen Ausstellungshallen auf dem Straßburger Messegelände. Die Fachmesse für Bau ist wieder einmal zu Gast, und da gibt es im „Parc des Expositions" auch für den interessierten Laien und Heimwerker Neues und Nützliches zu entdecken. Doch als der Chefarzt vom Straßburger „Hospices Civile" dann am Messestand der Firma Fischer aus Deutschland steht, da ist ihm plötzlich doch wieder sehr medizinisch zumute. Höchst interessiert studiert er die mannigfachen Möglichkeiten der modernen Befestigungstechnik, die das Unternehmen aus dem nahen Schwarzwald präsentiert. Und er ist fasziniert von den Dübeln aus Kunststoff und Metall, denn die Kunst der möglichst effektiven und verläßlichen Befestigung gehört auch zu seinem Metier. Er ist Chefarzt für Orthopädie und Unfallchirurgie und hat sich auch mit Hüftoperationen einen Namen gemacht. Jedenfalls hat der Professor Jean Nicolas Muller einen dicken Packen Prospekte der Firma Fischer unterm Arm, als er an diesem Tag das Messegelände verläßt.

Und wenige Wochen später schon bekommt Artur Fischer einen Anruf aus Straßburg. Es ist der Dr. Muller vom Bürgerhospital in Straßburg, der ihm von einem ungemein interessanten Messebesuch erzählt und ihn um einen Termin bittet. Er habe, sagt der Herr Professor, die Prospekte mit all den sinnreichen Produkten der Firma Fischer sehr eingehend studiert, und nun habe er so eine Idee …

Schon bei der ersten Begegnung mit dem freundlichen Professor aus Straßburg ist Artur Fischer fasziniert von dessen Idee, die Knochenchirurgie mit einer neuen Operationstechnik zu bereichern. Nicht länger nageln will Dr. Muller in seinem Krankenhaus die Knochenbrüche, er will sie künftig dübeln. Vor allem Oberschenkelhalsfrakturen will Dr. Muller mit dieser neuen Technik besser, schneller und für den Patienten schonender als bisher behandeln. Und ausführlich erläutert er seinem aufmerksamen Zuhörer die Vorteile, die er sich von der neuen Technik verspricht.

Nicht mehr nur zusammenhalten ließen sich die gebrochenen Knochenteile durch einen medizinischen Dübel, sondern regelrecht zusammenziehen. Und das wiederum wäre sehr vorteilhaft für die Gallusbildung der nach der Fraktur zusammengefügten Teile. Außerdem, da sei er sich ebenfalls sicher, könne dank der neuen Technik die Operationswunde bedeutend kleiner ausfallen als bisher, was sich zweifellos auf die Dauer der Genesung sehr günstig auswirke. Dazuhin dürfe getrost damit gerechnet werden, daß der Patient bei seinen ersten Gehversuchen nach der Operation weit weniger Schmerzen verspüre als bisher. Schließlich laste dann das Körpergewicht nicht mehr auf einer Nagelspitze, sondern auf dem viel breiteren, gespreizten Knochendübel.

Kalbshaxen im Entwicklungslabor

Artur Fischer zögerte nach diesem engagierten Vortrag seines Gastes keinen Moment, ihm alle Hilfe und eine vertrauensvolle Zusammenarbeit anzubieten. Diese Entwicklungsaufgabe war für ihn geradezu ideal. Wenn immer die Chance bestand, den Menschen das Leben dank einer neuen Technologie nach Kräften zu erleichtern, dann sah sich Artur Fischer gefordert. Und kaum hatte sich Dr. Muller verabschiedet, machte er sich an die Arbeit. Eine Arbeit, von deren Ernsthaftigkeit zunächst die Metzgereien in und um Tumlingen sehr profitierten. Sie durften nämlich zu Versuchszwecken massenhaft Kalbshaxen an die fischerwerke liefern, die dort dann getrennt verwertet wurden. Der Küchenchef der Werkskantine bekam das Fleisch, die Knochen gingen ans Entwicklungsteam „Knochendübel". Solange, bis am 29. Dezember 1969 auch ein Fischer-Patent für das „Verbindungselement für Knochenfrakturen" erteilt war.

Bei mehr als 300 Operationen wurde Artur Fischers Knochendübel aus Edelstahl Patienten des Straßburger „Hospices Civile" erfolgreich eingesetzt. Doch ein jähes Ende nahm die Karriere des Knochendübels, als Professor Muller überraschend mit erst 54 Jahren starb. Natürlich hat Artur Fischer nach dem Tod seines „hochanständigen" Entwicklungspartners versucht, der neuen und doch schon so bewährten medizinischen Technologie die Zukunft zu sichern. „An 15 verschiedene Universitäten und Kliniken habe ich das Ding geschickt", erinnert sich Artur Fischer ganz genau, „und kaum einer hat geant-

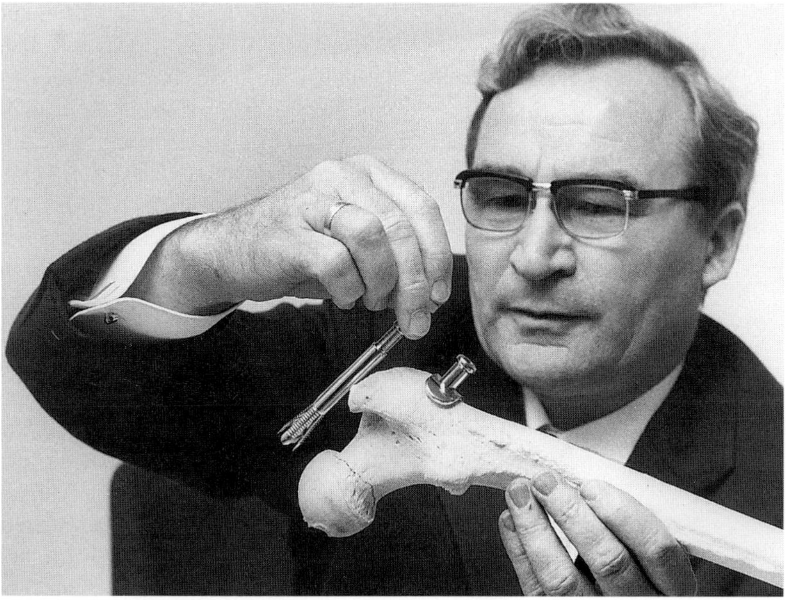

wortet." Mit solch ausgeprägtem Desinteresse hatte Artur Fischer zwar nicht gerechnet, doch er mußte die Enttäuschung eben hinnehmen. „Ich mußte halt lernen, daß es in der Chirurgie offenbar nicht üblich ist, mit einer Technologie zu arbeiten, die der betreffende Chirurg nicht selber mitentwickelt hat. So bin ich beim ärztlichen Wettbewerb wohl zwischendurchgefallen."

Knochen-Arbeit: Medizinische Dübel für eine neue Verbindungstechnik.

„Schweinchen Artur" dient der Wissenschaft

Bis sich eines Tages doch ein junger Arzt an den Erfinder wandte mit dem Ansinnen, die Technologie so weiter zu entwickeln, daß sie auch für andere Frakturen als jener des Oberschenkelhalsknochen tauge. Gemeinsam mit diesem Nachwuchswissenschafler, der die Fortentwicklung des medizinischen Edelstahldübels zum Thema seiner Habilitation machte, hat sich Artur Fischer dann abermals mit ganzer Leidenschaft in das Thema und dessen Probleme vertieft. Bis auch für die allgemeine Knochenchirurgie ein Dübel aus Kunststoff entwickelt war, der bald in Versuchen am lebenden Tier getestet wurde. Für Artur Fischer war es eine Selbstverständlichkeit, die einzelnen Stadien der Entwicklung auch bis in den Operationssaal hinein zu begleiten. Der angehende Professor operierte, und Artur Fischer stand daneben „und schnitt Gewinde". Auch fürs „Schweinchen Artur", das zum Dank für seine passive, doch immerhin existenzielle Mitarbeit am medizinischen Fortschritt von einer OP-Schwester mit dem Vornamen des Dübel-Erfinders ausgezeichnet wurde.

An die 200 000 Mark hat Artur Fischer in die Weiterentwicklung der medizinischen Technologie der Knochenverbindungen investiert, und natürlich rechnete er als Unternehmer auch mit dem wirtschaftlichen Ertrag der Mühe und des finanziellen Einsatzes. Nur hat sich sein wissenschaftlicher Partner, kurz nachdem er im Jahr 1986 den Professorentitel erlangt hatte, ohne sein Gewissen zu befragen, aus der Gemeinsamkeit verabschiedet.

„Dieser Mann“, sagt Artur Fischer heute, „war eine meiner größten Enttäuschungen.“ Er hat diese Enttäuschung bis heute nicht ganz verwunden. „Ich werde niemals mehr etwas für die Medizin machen“, hat er sich damals geschworen. Und er ist diesem Schwur bis heute treu geblieben.

Erfinden mit Verantwortung

„Das machen wir nicht so, das machen wir anders“, hatte der Meister Steinegger zu seinem Lehrbuben Artur immer dann gesagt, wenn er sich auf der Baustelle genötigt gesehen hatte, die papierenen Vorstellungen eines Architekten zu Makulatur zu erklären und den Eingebungen seines praktischen Handwerkerverstands zu folgen. So lernte Artur Fischer schon während seiner Schlosserlehre in Stuttgart, vorgefertigten Lösungen nicht zu sehr zu trauen und selbstbewußt auf die Sinnfälligkeit eigener Überlegen zu bauen. Und als „erster Assistent“ im sehr unkonventionellen Werkstattbetrieb des Dr. Rössger in Freudenstadt hatte er Gelegenheit genug gehabt, sich gründlich in der hohen Kunst der Improvisation zu üben. Es war ein nicht immer ergötzliches Training, das die Nachkriegsjahre des materiellen Mangels diktierten, aber diese Zeit war auch eine gründliche Schule des zielgerichteten und pragmatischen Denkens, und Dr. Rössgers Werkstatt war außerdem ein Erprobungslabor für Phantasie und Kreativität gewesen.

Für einen gelernten Handwerker wie Artur Fischer, der sich aus eigener Kraft und Energie zum zwar nicht diplomierten, aber praktisch um so versierteren Techniker fortgebildet hatte, war diese Zeit bestimmend und auch sehr fruchtbar gewesen. Sein Drang, die Welt durch die Möglichkeiten der Technik zu verbessern, hatte sich in dieser Zeit nach Kräften entwickeln können. Und das Erfolgserlebnis, das ihm seine erste, wenn auch bescheidene Erfindung des elektrischen Feueranzünders beschert hatte, war Stärkung genug gewesen für die Aufgaben, die er sich in den kommenden Jahren stellte und vor die er sich immer wieder gestellt sah. Oft aber hatte auch die Unduldsamkeit angesichts untauglicher Mittel Artur Fischer zur Gedankenarbeit angetrieben. So war es beim „Blitzer" und später auch bei der Erfindung des Spreizdübels aus Kunststoff gewesen. Ideen „auffischen, festhalten und daraus etwas Sinnvolles machen" – dieser selbstgewählten Aufgabe hat sich Artur Fischer stets mit Begeisterung gestellt. Und „der Motor von allem ist die Freude an der Arbeit und auch die Freude am Erfolg" gewesen.

Doch erfinden war und ist für Artur Fischer stets mehr als nur zielgerichtetes technisches Kalkül. „Nur dann ist eine Erfindung eine nützliche Erfindung, wenn sie dem Menschen dient." Deshalb verlangt Artur Fischer von jedem Erfinder, bevor er sich ans kreative Werk macht, gründliche Selbsterforschung: „Wie diene ich mit meinen Gedanken den anderen?" Eine Frage, die für ihn die Entwicklung sinn- und nutzloser Produkte von vorneherein ausschließt, sofern sie nach bestem Wissen und Gewissen beantwortet wurde. Deshalb ist für ihn das Erfinden nicht nur „Herzenssache", sondern auch eine Sache der „Herzensbildung" oder der Ethik. Und ganz selbstverständlich ist für ihn, daß sich eine solche Haltung Tag für Tag bewähren muß angesichts materieller Verlockungen und Versuchungen. „Wir hatten auch schon Gelegenheit, für die Rüstung zu arbeiten, aber wir haben's nicht gemacht. Ich wollte keine Produkte herstellen, die aufs Töten ausgerichtet sind. Obwohl ich die Bundeswehr für richtig und wichtig halte." Die Verantwortung für seine Erfindungen hat sich Artur Fischer nie abnehmen lassen. Und deshalb trägt er es auch gelassen, wenn andere Widersprüche entdecken, wo er allein der Logik des Herzens vertraut.

„Morgensammlung" unter der Dusche

Obwohl die Bewohner des schwäbischen Kernlands, das noch bis zum Ende des Zweiten Weltkriegs sehr deutlich protestantisch dominiert war, auf Äußerlichkeiten traditionell nicht viel Wert legen, brachte man's im Lauf der Jahrhunderte auch in diesem Landstrich zu einer ausgeprägten Reinlichkeitskultur. Doch durfte bis vor wenigen Jahrzehnten der schöne äußere Schein der körperlichen Befindlichkeit nicht mehr sein als der Abglanz innerer, also moralischer Sauberkeit. Und um diesen Effekt zu erzielen, war über Generationen hin eigentlich das samstägliche Vollbad Reinlichkeitsübung genug. Auch Artur Fischer ist als Kind des Heckengäu am schwäbischen Schwarzwaldrand ganz selbstverständlich in dieser Tradition aufgewachsen.

Als der wachsende Wohlstand Ende der fünfziger Jahre den Bewohnern des Wirtschaftswunderlands einen deutlichen Zuwachs an Lebensqualität bescherte, wurden selbst die Wohnungen bescheideneren Zuschnitts mit einem Badezimmer ausgestattet. Und noch einige Jahre später wurde auch eine Dusche als unbedingt notwendig erachtet, um es dem fortgeschrittenen Reinlichkeitsbewußtsein an nichts mehr fehlen zu lassen. So entdeckte auch Artur Fischer die anregende Wirkung eines Brausebads. Er stellte zu seiner nicht gelinden Überraschung fest, daß ihm das Geschäft des Erfindens an keinem anderen Ort besser glückte als in seinem Dusch-Kabinett.

Artur Fischer hat sich nicht gescheut, diese unverhoffte Entdeckung zum morgendlichen Ritual zu kultivieren. Und es gelang ihm mit der Zeit auch, der Familie den produktiven Hintergrund seiner immer ausgedehnteren Aufenthalte unter der Dusche einigermaßen plausibel zu machen.

Die Dusche wurde und blieb für Artur Fischer der Ort seiner „Morgensammlung“. Dort war er „weg von den Notwendigkeiten des Lebens“, dort konnte er „frei vor sich hindenken, den Tag planen und in Gedanken ungestört an seinen Erfindungen arbeiten“. Und wenn er sich nach einer halben Stunde oder nach gar noch ausgedehnterem Duschgenuß trockengerubbelt hatte, dann griff er zu Papier und Bleistift, um seine Ideen aufzuschreiben oder zur weiteren Verwendung zu skizzeren. „Ohne Dusche“, da ist sich Artur Fischer vollkommen sicher, „wäre so manches nicht erfunden worden.“ Allein deshalb schon empfindet es Artur Fischer als einen äußerst glücklichen Umstand, „daß es auch im Schwäbischen seit geraumer Zeit nicht mehr Brauch ist, nur samstags zu baden“. Er hätte es sonst nie und nimmer auf die atemberaubende Summe von mehr als 100 persönlichen Erfindungen gebracht, die weltweit durch 5700 Schutzrechte abgesichert sind.

„Taten zählen, nicht schöne Worte!"

Eine Betriebsfamilie

Nicht, daß Werner Stoll direkt unzufrieden gewesen wäre mit seiner Entlohnung. Aber ein bißchen ungerecht empfand er es schon, daß so mancher Akkordarbeiter seiner Abteilung bei ausgedehnter Arbeitszeit und bei verschärftem Arbeitstempo auf 380 Mark Monatslohn kam und er als junger Werkmeister 320 Mark verdiente. Immerhin, so sagte er sich, trug er einen gewichtigen Teil Verantwortung für einen Teil der Produktion, und mit dem pünktlichen Feierabend war es ohnehin nicht weit her bei den „fischerwerkern". Also faßte er sich eines Tages ein Herz und machte den Chef vorsichtig auf den Lohnunterschied zwischen Meister und Akkordarbeiter aufmerksam. Artur Fischers spontane Reaktion war wie gewünscht: „Wollet Sie mehr?" „Eigentlich scho!" war Werner Stolls nicht minder knappe Antwort. Und Artur Fischer, dem die Situation doch ein wenig peinlich war, verstand es, seinen Meister und sich mit einem kleinen diplomatischen Schlenker aus der gemeinsamen Verlegenheit zu helfen: „Eigentlich wollte ich Ihnen ja im nächsten Monat sowieso mehr Lohn zahlen."

„Wer beim Fischer schafft, der soll von den anderen beneidet werden!" Diese Maxime des Unternehmers Artur Fischer hat Werner Stoll noch heute, fünf Jahre nach seiner aktiven „Fischer-Zeit", im Ohr. „Und eigentlich", weiß er, „hat man um seinen Lohn nie streiten müssen. Der Chef verlangte gute Arbeit und zahlte guten Lohn." Und Artur Fischer hatte für seine Mitarbeiter stets mehr übrig als „guten Lohn".

Schon damals, als man in der Werkstatt in Hörschweiler als eine „verschworene Betriebsfamilie" miteinander arbeitete und miteinander lebte. Bereits Wochen vor Weihnachten war Artur Fischers erste Sekretärin, „das Fräulein Schmid", zu jener Zeit damit beschäftigt, jeder Mitarbeiterin und jedem Mitarbeiter ein „ganz persönliches Weihnachtspräsent auszusuchen und zu beschaffen". Bis ins ferne Stuttgart führte sie die vorweihnachtliche Einkaufstour, denn „wenn's ums Schenken ging, ließ sich der Chef nicht lumpen". Einen „ganz wunderbaren langen Ledermantel" hat Werner Stoll an einer dieser „sehr stimmungsvollen Betriebs-Weihnachtsfeiern" bekommen. Als leidenschaftlicher Motorradfahrer hätte er sich damals „kein schöneres und auch kaum ein wertvolleres Geschenk wünschen können".

„Do guck na!": Artur Fischer erläutert Vater Georg ein neues Bauprojekt.

Bauplätze für die Mitarbeiter

Als sich die „Betriebsfamilie“ mit den Jahren allmählich vergrößerte und zur „Belegschaft“ entwickelte, nahm die Fürsorglichkeit des Chefs für seine Mitarbeiterinnen und Mitarbeiter zwangsläufig andere, weitergreifende Formen an. Im Jahr 1954 wird unter dem Dach des neuen Werksgebäudes in Tumlingen für die inzwischen 80 Mitarbeiter eine Kantine eingerichtet. Das ist für diejenigen, die täglich aus den Dörfern in der näheren und weiteren Umgebung von Tumlingen zur Arbeit kommen, sehr erleichternd. Und als nicht nur umsichtiger, sondern auch weitsichtiger Chef bemüht sich Artur Fischer, seine hochqualifizierten Mitarbeiter ans Werk zu binden. Das Unternehmen kauft auf Vorrat Grundstücke in den neuerschlossenen Baugebieten von Tum-

Mach mal Pause: Auch Ruhebänke gehören zur Betriebsausstattung.

lingen, um sie dann später bauwilligen Mitarbeitern anzubieten. Und selbstverständlich werden diese Bauplätze dann ohne Gewinn an Mitglieder der Fischer-Werksfamilie verkauft. Solange zumindest, bis das Finanzamt Einspruch erhebt gegen diese Strategie der Mitarbeiterbindung. Und wenn sich ein Fischer-Mitarbeiter entschließt, sich als Häuslebauer zu betätigen und sich damit in die Kreise der schwäbischen Ehrbarkeit einzureihen, dann gibt's natürlich vom Arbeitgeber das passende Baudarlehen. Außerdem werden Werkswohnungen gebaut, denn die Mitarbeiterzahl wächst schneller als die Zahl der Bauplätze in und um Tumlingen.

Das Werk wächst weiter: die fischerwerke im Jahr 1967

Küchenquintett: Kantinenchefin Anneliese Maier (links) und ihr Team

Artur Fischer ist durchaus stolz darauf, daß er sich schon damals, als das Unternehmen noch keine glanzvollen Bilanzen vorweisen konnte, über das landläufig Übliche hinaus für seine Mitarbeiter engagiert hat. Entsprechend seinem Motto „Taten zählen, nicht schöne Worte", wird im Unternehmen „relativ früh schon die Gewinnbeteiligung eingeführt" und eine Treue-Prämie ausgelobt für langjährige Mitarbeiter. Eine betriebliche Altersversorgung gehört seit Jahren zum sozialen Bestand des Unternehmens, und um die Mitarbeiter auch zum alltäglichen Treuebeweis gegenüber dem Betrieb zu ermuntern, gibt's vom Jahr 1965 an eine „Nie-gefehlt-Prämie" von zunächst 50 Mark. Mitarbeiter, die mit ihren Ideen den Anstoß geben zu sinnvollen Veränderungen bei eingefahrenen Betriebsabläufen, dürfen vom Jahr 1970 an nicht nur mit Lob, sondern auch mit einer Sonderprämie rechnen. Und

Mitarbeiter, die durch Krankheit oder einen Schicksalsschlag unversehens in Not geraten, dürfen sich seit 1967 auf den „Unterstützungsverein Artur Fischer e. V.“ verlassen.

Ordnung ist mehr als das halbe Leben

Als Werner Stoll nach 41 Jahren Betriebszugehörigkeit im Frühjahr 1992 als hochverdienter Obermeister in den Ruhestand verabschiedet wurde, hatte er nicht nur ein erfülltes Arbeitsleben hinter sich. Er hatte auch eine gründliche und nachhaltige Erziehung in der Generaltugend der Ordnungsliebe genossen. „Noch heute kann ich einfach nichts rumliegen sehen“, beschreibt Werner Stoll die praktischen Folgen dieses Dauertrainings. Nicht nur um das materielle Wohlergehen seiner Mitarbeiter hat sich Artur Fischer stets umsichtig und großzügig gekümmert. Er hat ihnen auch eine umfassende Charakterschulung angedeihen lassen.

„Oft hat der Chef den Betrieb am Wochenende kontrolliert“, erzählt Werner Stoll. „Und am Montag lagen dann da und dort seine berühmten Zettel.“ Auf denen standen in akkurater Handschrift solch ergötzliche Lebensweisheiten wie „Ordnung ist das halbe Leben“. Aber er gab in seiner fürsorglichen Art auch ganz konkrete Hinweise zur Wiederherstellung der Betriebsordnung. Zum Beispiel dann, wenn er mit seinem untrüglichen Gespür wieder einmal einen Maschinendefekt entdeckt hatte. „Preßluft ist eine teure Sache, schauen Sie bitte nach der Maschine Nummer 27.“ Selbstverständlich schaute Werner Stoll am Montagmorgen dann sofort nach der Maschine mit der Nummer 27. Schließlich war Preßluft eine teure Sache. Fast so teuer wie der Betriebsfrieden.

Pünktlichkeit, Ordnung und Sauberkeit mußten in den fischerwerken herrschen. Das durften und mußten, genau so wie Werner Stoll in all den Jahren seiner unverbrüchlichen Betriebstreue, alle Angehörigen der Fischer-Betriebsfamilie nicht nur begreifen, sondern auch lernen. Der Betriebsalltag war stets ein verläßliches und ununterbrochenes Training dieser Tugenden. Und Artur Fischer meinte es ernst damit. „Bei ihm mußte Sauberkeit herrschen. Auf allen Gebieten, vor allem aber menschlich.“

„Tue Gutes und rede nicht darüber!“

Zweifellos hat Artur Fischer stets auch den wirtschaftlichen Erfolg als eine Bestätigung seiner Arbeit und der gemeinsamen Anstrengungen aller Mitarbeiter geschätzt. Und er hat, das war die Lehre der frühen und von anhaltender Geldnot bestimmten Jahre, auch mit einer gewissen Unerbittlichkeit darauf geachtet, daß stets die Ressourcen verfügbar waren, um dem Unternehmen nicht nur den Bestand, sondern auch die Zukunft zu sichern. Ganz selbstverständlich gehörte für

Feier-Stunde: Ein Prosit auf das Schreibbüro!

ihn dazu auch, seinen Mitarbeitern die Förderung und Fürsorge angedeihen zu lassen, die er für ein gedeihliches und achtbares Miteinander als unabdingbar erachtete. Doch nicht nur im Unternehmen war für ihn die Maxime, daß „Können und Eigentum verpflichtet", die Richtschnur des Handelns. Bis heute hilft er, wenn es gilt, der Wirtlichkeit der Welt aufzuhelfen, „da und dort ein bißchen mit". Wobei Artur Fischers Einschätzung dieser Hilfe, allein gemessen an ihrem materiellen Gewicht, eine nicht gelinde Untertreibung ist. Aber auch das gehört zum typisch schwäbischen Understatement, das seine Wurzeln in einem christlich fundierten Moralkodex protestantischer Prägung hat: „Tue Gutes und rede nicht darüber."

In Artur Fischers Heimatdorf Tumlingen jedenfalls braucht es keine großen Worte, um seine ausgeprägte Freude am Geben zu belegen. Vom örtlichen Pflegeverein bis hinein ins Amtszimmer des Bürgermeisters weiß man, daß schon eine Andeutung genügt, um Artur Fischers Großzügigkeit zu inspirieren. Wenn sein Beitrag nützt, dann ist ihm das Lohn genug. Mehr, da ist er ausnahmsweise einmal unerbittlich, gibt's für ihn dazu nicht zu sagen. „Mein Engagement an die große Glocke zu hängen, widerstrebt mir einfach. Das ist wohl auch eine Folge meiner Erziehung.“ Welche Kraft es aber ist, die die Triebfedern dieses Engagaments in anhaltender Spannung hält, dieses Geheimnis offenbart er gern. Es ist sein gründliches Mißtrauen gegenüber dem Selbstwert materieller Güter. „Die beste Währung ist und bleibt die Menschlichkeit. In der Not nämlich nützt Geld gar nichts.“ Um so sicherer ist sich Artur Fischer, daß das Wesen Mensch so erfunden ist, daß es zur Solidarität gegenüber seinesgleichen fähig ist und auch dazu, seine Aufgaben in der Welt mit Herz und Verstand zu bewältigen: „Mein Glaube ans Positive ist unerschütterlich.“

Aufgelockert: Gymnastik am Arbeitsplatz

Der ehrliche Weg ist der richtige

Erfolg ist und war für Artur Fischer nur vorstellbar auf der Basis eines umfassenden und ausnahmslosen Qualitätsanspruchs. Er war immer darauf bedacht, „Hochleistungsprodukte herzustellen". Und die Richtlinie seiner Arbeit ist in all den Jahren dieselbe geblieben: „Ich wollte immer gute Produkte machen, die man verkaufen kann. Denn dann, das wußte ich immer, gibt's keine Probleme." Und diese Produkte sollten „den Menschen dienen". Dabei hatte und hat dieser Dienst für ihn bis heute vor allem eine moralische Dimension. Sie ist von jener Eigenart, wie es der erste Präsident der Bundesrepublik Deutschland, Theodor Heuss, einst klar und schnörkellos formulierte: „Qualität, das ist das Anständige." Für Artur Fischer hieß das in die Sprache des Erfinders und Unternehmers übersetzt: „Das ehrliche Produkt ist das beste."

Mit ungebrochener Leidenschaft vertritt er diese Haltung – schließlich hat ihm der Erfolg recht gegeben: „Der ehrliche Weg ist der richtige. Das war meine Grundentscheidung. Und ich habe sie noch nie bereut."

Der Herr Professor

„Dr junge Fischer“ hieß Artur Fischer bei den Tumlingern und bei den Hörschweilern, als er vor 50 Jahren in seiner Werkstatt Feueranzünder und Webstuhlschalter baute. Später dann, als der aufstrebende Unternehmer mit Erfindungsgeist den Menschen der Gegend gute Arbeit und guten Lohn verschaffte, änderte sich das natürlich. „Dr junge Fischer“ war jetzt „ebbes B'sonders“ geworden, eben eine Persönlichkeit, ja, eine Respektsperson. Und obwohl sein Wesen weder an Zugänglichkeit noch an Leutseligkeit eingebüßt hatte, war er jetzt „dr Herr Fischer“. Außer für jene natürlich, die ihn noch als „Arturle“ gekannt hatten. Die blieben natürlich beim „Du“ und beim Vornamen. Und selbstverständlich blieb es auch für die Mitstreiter der ersten Jahre beim vertrauten „Artur“.

Einige Jahre später, so in der zweiten Hälfte der siebziger Jahre, ist dem „Herr Fischer“ dann gar der Nachname abhanden gekommen. Kaum hatte ihm die Justus-Liebig-Universität Gießen den Ehrendoktor verliehen, da war er „Dr Herr Dokter“. Verwechslungen mit den Landärzten der Gegend waren nun zuweilen zwar möglich. Doch glücklicherweise gab's da noch diesen anderen Ehrentitel, mit dem sich alle Unklarheiten schnell ausräumen ließen. Als „dr Dübel-Fischer“ war der „Herr Dokter“ vollkommen unverwechselbar. Inzwischen braucht's auch diesen Namenszusatz nicht mehr. Wenn in Tumlingen vom „Herr Professor“ die Rede ist, dann weiß jedes Kind, wer damit gemeint ist.

Silvester 1989: „Schornsteinfeger" Norbert Klopp und Außendienstkollege Eduard Kettner gratulieren Artur Fischer zum Geburtstag.

„Ich nehme Auszeichnungen gern an", sagt Artur Fischer. „Vor allem dann, wenn ich weiß, daß der Auslöser dafür nicht ein finanzielles Interesse ist. Wenn ich das merke, dann lehne ich ab." Das ist eine klare Sache. Und es ist ein untrügliches Indiz dafür, daß Artur Fischer die Auszeichnungen und Ehrentitel, über die er sich „von Herzen freute", ohne einen mehr oder weniger verschämten Seitenblick auf seine bekanntermaßen weit geschnittenen „Spendierhosen" bekommen hat. Da war, als erste in der Reihe der zahlreichen weiteren Dekorationen, im Jahr 1969 die Ehrenbürgerwürde seines Heimatdorfs Tumlingen. Und nicht nur zu ergebenem Dank, auch zu einer sehr spitzfindigen Frage sah sich der Ausgezeichnete genötigt, als ihm Bürgermeister Konrad Martini die Ehrebürgerurkunde überreicht hatte. „Muß ich jetzt keine Steuer mehr bezahlen?“ wollte Artur Fischer vom Schultes seiner Heimatgemeinde wissen. Der Bürgermeister antwortete nicht minder knitz: „Im Gegenteil, als Ehrenbürger sollen Sie die Steuern jetzt lieber zahlen!“

Senator Professor Doktor Fischer

„In Anerkennung seiner hervorragenden Verdienste um die Pädagogik“ wurde Artur Fischer am 8. April 1976 vom Fachbereich Erziehungswissenschaften der Justus-Liebig-Universität Gießen mit der Würde eines „Doctoris Philosophiae Honoris Causa“, mit dem philosophischen Ehrendoktor ausgezeichnet. Es war die akademische Anerkennung seiner genialen Erfindung zur kreativen Förderung des kindlichen Spieltriebs, der fischertechnik. Zum „Ehrenbürger der Gesamtgemeinde Waldachtal“ wurde Artur Fischer im 1976 ernannt, zwei Jahre, nachdem sein Heimatdorf Tumlingen kraft der baden-württembergischen Verwaltungsreform in der neuen Gemeinde Waldachtal aufgegangen war. Im Jahr 1977 durfte Artur Fischer das Bundesverdienstkreuz 1. Klasse entgegennehmen, und damit wurden nicht allein seine Verdienste als erfolgreicher und sozial engagierter Unternehmer gewürdigt, sondern auch sein langjähriges politisches Engagement als Mitglied des Tumlinger Gemeinderats und des Freudenstädter Kreisparlaments. Die Würde eines Ehrensenators der Universität Stuttgart wurde Artur Fischer im Jahr 1982 zuteil.

Erfinder-Galerie und Siemens-Ring

Einen Olymp für die lebenden Götter des deutschen Erfindergeistes hat das Deutsche Patentamt in München im September 1984 eingerichtet. Und sieben Männer, „die den Ruhm deutschen Erfindergeistes weltweit verbreitet haben", wurden der Ehre für würdig empfunden, mit ihrem Porträt in diese „Erfinder-Galerie" der technischen Kreativität und Leistungskraft aufgenommen zu werden. Und seitdem darf jeder, der im Münchner Patentamt zu Gast ist, sich in der „Erfinder-Galerie" angesichts der nationalen Koryphäen der Erfindungskunst zu ähnlichen Höchstleistungen ermuntert sehen. Als jüngster unter den sieben Würdigen wurde auch Artur Fischer in diese Ehren-Galerie aufgenommen. Und sein Porträt macht sich gut zwischen jenen des Luft- und Raumfahrtexperten Ludwig Bölkow, dem PAL-Farbfernsehsystematiker Walter Bruch, dem Raumfahrtpionier Hermann Oberth, dem Relaistechniker Hans Sauer, dem Erfinder des Kreiskolbenmotors Felix Wankel und dem Computer-Erfinder Konrad Zuse.

Nicht minder würdig und erlesen ist die Gesellschaft, der sich Artur Fischer zurechnen darf, seit ihm am 12. Dezember 1991 im Weißen Saal des Stuttgarter Neuen Schlosses der Werner-von-Siemens-Ring verliehen wurde. Eine Auszeichnung, die als höchste deutsche Auszeichnung auf dem Gebiet der technischen Wissenschaften gilt und die von der 1916 gegründeten „Siemens-Ring-Stiftung" vergeben wird an „lebende Personen ohne Ansehen des Amtes, der Stellung und oder des Ranges …, wenn sie durch ihre Leistung die

technischen Wissenschaften gefördert oder als Vertreter der Wissenschaft durch ihre Forschung der Technik neue Wege erschlossen haben". Als 27. Träger des Werner-von-Siemens-Rings darf sich Artur Fischer in einer Traditionslinie mit Männern sehen, die der Welt bahnbrechende Neuerungen beschert haben. Wie etwa Carl von Linde, dessen Patent für eine „Kälteerzeugungsmaschine" vom Jahr 1877 der Zivilisation den Kühlschrank beschert hat, wie Fritz Peter Schäfer, der den Farbstoff-Laser entdeckt hat, wie der Kernphysiker Rudolf Schulten, wie der Raumfahrtpionier Wernher von Braun und der Bauingenieur Fritz Leonhardt, Erbauer des Stuttgarter Fernsehturms.

Münchener Erfinder-Galerie: Hans Sauer, Hermann Oberth, Artur Fischer und Walter Bruch (von links) 1984 im Deutschen Patentamt

Nahezu eine Selbstverständlichkeit war es angesichts dieser Ehrungen, daß Artur Fischer 1991 vom Land Baden-Württemberg mit dem Professoren-Titel und 1992 vom Deutschen Museum in München mit der Ehrenmitgliedschaft ausgezeichnet wurde.

Schon als kleiner Junge hatte sich Artur Fischer, nichts sehnlicher gewünscht, als Ingenieur zu werden. Und so ging für ihn „ein Lebenstraum in Erfüllung“, als ihm der Senat der Universität Stuttgart kurz vor Weihnachten 1994 den Titel Dr.-Ing. E.h. verlieh.

1996 wurde er vom Deutschen Erfinderverband mit der Ehrenpräsidentschaft ausgezeichnet.

„Ich habe nie auf Auszeichnungen spekuliert“, sagt Artur Fischer, „aber daß ich sie aufgrund meiner Arbeit bekommen habe, hat mich gefreut.“ Und immer, wenn er die Einladung zu einem Festakt bekam, in dessen Mittelpunkt die Verleihung einer Auszeichnung an ihn stand, dann hat er dazu seine Mitarbeiter mitgenommen. Soviele eben, wie das Protokoll es erlaubte. „Schließlich war jede Auszeichnung für mich auch eine Auszeichnung für meine Mitarbeiter.“ Und deshalb klingt es sehr selbstverständlich, wenn in den Produktionshallen und den Büros der fischerwerke nur vom „Herr Professor“ gesprochen wird. Einen kleinen Anteil an diesem Ehrentitel haben ja eigentlich alle. Nur der Artur Fischer, der trägt ihn halt. Und er trägt ihn so, wie es sich gehört. In aller Bescheidenheit und mit natürlicher Würde.

Generationen-wechsel

„Willsch oder willsch net?"

Es war wohl die schwierigste Frage, die Artur Fischer je seinem Sohn gestellt hat. Und vielleicht war sie gerade deshalb so ungeschminkt und unausweichlich direkt. „Willsch oder willsch net?" wollte Artur Fischer an einem Tag im ausgehenden Jahr 1975 von seinem Sohn Klaus wissen. Der Sohn wollte. Und er wollte auch dann noch, als der Vater ihm unmißverständlich bedeutete, daß er sich natürlich mit seinen jugendlichen 25 Jahren und trotz seines Ingenieur-Diploms zunächst im Betrieb bewähren müsse, bevor er sich mit der Würde und der Verantwortung eines Unternehmenschefs würde beschweren dürfen. Also wurde Klaus Fischer am 1. April des Jahres 1976, mit etwas mehr als 25 Jahren, zum Technischen Geschäftsführer des väterlichen Unternehmens bestellt. Ein Betriebsjahr hatte er da immerhin schon hinter sich, und er wußte, welchen Weg er vor sich hatte. Die Gesamtleitung des Unternehmens behielt sich Artur Fischer damals noch vor. Doch auch er wußte, daß diese Umstrukturierung auf der Führungsebene des Betriebs nur einer der Schritte, wenn auch ein gewichtiger, auf jenes Ziel zu war, den Sohn als Nachfolger zu etablieren.

„Sie haben es Ihrem Sohn auch nicht gerade leicht gemacht", mußte Artur Fischer noch lange nach jenem Tag hören, an dem er – ungebrochen tatenfroh und munter – mit 60 Jahren die Gesamtverantwortung für die fischerwerke an seinen Sohn weitergegeben hatte. Aber auch sich selbst hatte es Artur Fischer nicht leicht gemacht, als er sich im Jahr 1980 entschloß, sich ins neuerbaute Entwicklungszentrum zurückzuziehen und den Platz an der Spitze des Unternehmens zu räumen. Als ganz und gar risikolos hat er diesen Schritt keineswegs empfunden. Und wenn Artur Fischer sich heute, im angenehmen Bewußtsein des geglückten Generationenwechsels an jene Zeit der Entscheidung erinnert, dann sind all die Überlegungen von damals so präsent, als gälte es, die Entscheidung auf ein Neues zu treffen. Und als seien auch die Reibungen jener Jahre zu rechtfertigen.

„Mein Sohn kann sich nicht beschweren, immerhin habe ich mit 60 übergeben. Das ist ja auch nicht gerade üblich. Aber natürlich war ich gelegentlich stur. Was hätte es denn genutzt, wenn ich's ihm leicht gemacht hätte? Es gibt auch Strenge, die gütig ist. Manchmal habe ich am Anfang mein Veto eingelegt bei Entscheidungen, aber nicht sehr oft. Er hat einmal zu seiner Mutter gesagt: 'Wenn das so weitergeht, dann höre ich auf.' Aber daß das alles nicht so falsch war, ist doch heute bewiesen.

Die Anforderung an das Stehvermögen ist an der Spitze eines Unternehmens sehr hoch. Deshab standen für mich immer die Firma und vor allem die Mitarbeiter im Vordergrund, die mich zum Teil schon seit 35 Jahren begleitet hatten. Das war eine Verantwortung, und die durfte man nicht zu klein ansetzen. Natürlich wäre der Betrieb auch so weitergegegangen, auch wenn der Sohn nicht eingestiegen wäre. Aber der Sohn hat sich für die Verantwortung entschieden, und er hatte offensichtlich auch Freude an der Aufgabe.

Praktischer Halt für Dessous: Gemeinsam mit Model Isabell und Wäschehersteller Albrecht Mey präsentiert Artur Fischer 1997 seinen Öko-Bügel.

Er hatte ja auch einen Namen zu verteidigen. Einen Namen, der Inhalt ist. Für das Dorf, für das Land und für den Staat. Jedenfalls hatte ich das Bewußtsein, daß der Ruhestand ein Problem geben wird. Also mußte ich das Problem angehen, solange ich noch halbwegs jung war. Deshalb hab' ich's so früh gewagt. Ganz sicher war ich mir aber nicht. Zwischen Jung und Alt gibt es ja immer unterschiedliche Auffassungen. Letztendlich war die Entscheidung dann aber für mich einfach. Hab' ich Vertrauen oder hab' ich's nicht, habe ich mich gefragt. Und ich hatte Vertrauen in meinen Sohn. So ist alles gutgegangen. Heute jedenfalls ist mein Rat an alle, die vor einer solchen Entscheidung stehen, einfach und klar: So früh wie möglich übergeben, und nicht erst, wenn der Vater 80 und der Sohn schon 50 ist. Dann hat der Nachfolger kein Interesse mehr. Der Newcomer braucht eben zehn Jahre, um die Sache zu beherrschen. Und auch, um als Techniker, als Kaufmann und auch vor allem als Mensch eine Einheit zu werden. Jetzt genieße ich den Ruhestand, und das Zugucken fällt mir nicht schwer. Ich kann ja immer noch unterstützend mitwirken und vor allem weiterverfolgen, was mir liegt. Das ist die Forschung und Entwicklung."

Der Sohn des Fabrikanten

Die Sepplhos' vom Walsertal

Ein paar Wochen vorher hatte es die Mutter der kleinen Margot zu erklären versucht: „Bald bekommst du ein Gschwisterle.“ Daß es ein Bruder werden würde, war in jener Vor-Ultraschall-Ära nicht abzusehen, und darauf kam es den Eltern auch gar nicht an. Egal ob Mädchen oder Bub – die Fischers freuten sich auf ihr zweites Kind, das im Sommer 1950 zur Welt kommen sollte. Ein wenig bangten sie auch, denn ihre Tochter war mit einer vererbten Hörbehinderung geboren worden. Aber als am Vormittag des 17. August im Kreißsaal des Freudenstädter Krankenhauses ein kräftiger Schrei ertönte, kam der von einem strammen und rundherum gesunden Jungen. „Mein Klaus“, flüsterte die Mama glücklich. Auf diesen Namen hatte sie sich an einem Juli-Abend mit Vater Artur geeinigt.

Seit gerade fünf Monaten war dessen „Apparatebau“ ins Handelsregister eingetragen. Der Weltkonzern „Agfa“ verlangte inzwischen nach Unmengen von Blitzlichtgeräten, Chef und Mitarbeiter schufteten bis tief in die Nacht und bisweilen sogar am Tag des Herrn. Wenig erstaunlich also, daß der Papa eher selten Gelegenheit fand, dem Sprößling über die blonden Haare zu streichen oder ihm gar die Windeln zu wechseln. Und daß bei all den Investitionen, die es während der Folgejahre in den florierenden Betrieb zu stecken galt, kaum eine sauer verdiente D-Mark übrig blieb, um der jungen Frau und den Kindern das Leben zu versüßen.

Wegweisend: Vater Artur gibt die Richtung an.

Mutter Rita war das Schaffen gewöhnt. Als „Haustochter“ hatte sie bei der Familie Rössger in Freudenstadt gearbeitet, war später mit den Feueranzündern vom Artur hausieren gegangen und half auch jetzt noch beim Ährenlesen auf den Feldern der Verwandtschaft rund um Pfalzgrafenweiler. Von den Bauersleuten gab's dafür Kartoffeln und Brot, ein paar Eier und mitunter sogar eine Dose Schwarzwurst von der letzten Schlachtung.

„Beim Essen hat's keine Not gegeben“, sagt Rita Fischer heute, aber sonst „haben wir am Anfang net viel g'habt“. Die erste Wohnungseinrichtung war, zu wesentlichen Teilen jedenfalls, „Marke Eigenbau“. Schwager Richard, Sattler von Beruf, polsterte einen alten Bettrost zum

Sofa auf, die Pflegeeltern schenkten ihrer Tochter das Tischle dazu, und die Schirme für eine Steh- und eine Deckenlampe bastelte das junge Paar selbst: Tapeten wurden ziehharmonikamäßig gefaltet und mit einer Kordel in Tütenform gebracht.

Krachledern: Klein-Klaus in der neuen Sepplhose

Wenn später die Mama mit Klein-Klaus auf dem Gepäckträger per Fahrrad vom „Lädle" der Kirschenmanns heimkam, war die Einkaufstasche nicht eben prall gefüllt. Leibchen für ihre Kinder strickte sie selber, und Anzug-Reste aus der Schneiderwerkstatt des Schwiegervaters wurden zu Beinkleidern für den Bub. Die Sepplhos', die er sich so sehnlichst wünschte, gab es erst, als er sechs war – ein Mitbringsel der Eltern von einem der ersten Ausflüge ins Kleine Walsertal.

Das Familienleben in der engen Mansardenwohnung an der Tumlinger Hauptstraße war kein Zuckerschlecken. Ein kleiner Wohn- und ein Schlafraum standen unterm Dach zur Verfügung. Bad und Küche ein Stockwerk drunter galt es gemeinsam mit Arturs Eltern zu benutzen.

Im Jahr 53 räumte Schwiegermutter Pauline ein Zimmer im ersten Stock, damit man dort eine Kochmöglichkeit für „d' Rita" einrichten konnte. Und ehe die Kinder aus dem elterlichen Schlafgemach in eigene Zimmer umziehen durften, dauerte es noch einmal vier Jahre: Margot war neun, ihr Bruder sieben Jahre alt, als neben dem Haus der Großeltern der Neubau des Vaters errichtet wurde.

Eine kluge Suppe

Die ersten Jahre waren also nicht gerade das, was sich Lieschen Müller unter dem Dolce Vita eines Fabrikantensohns vorstellt. Aber derlei Überlegungen kamen dem kleinen Klaus ja noch nicht in den Sinn.

Für den aufgeweckten Blondschopf war das Leben mit ziemlich viel Spaß verbunden: wenn er Schwester Margots Kaufladen plünderte oder mit ihr über „Schwabs Wies“ tollte, wenn er beim Onkel Richard in der Werkstatt stand und ihm beim Bau von Modellflugzeugen zuschaute, wenn ihn der Eduard Kettner zwischen die Knie nahm und sie auf Skiern „Hirschwirts Rain“ hinunterrutschten, wenn er mit den anderen Kindern vom Dorf auf zusammengebundenen Schlitten d' Gaß in Richtung „Ochsen“ abwärtsbrauste und schließlich gegen Seeger-Christians Mauer bockelte, wenn er am frühen Weihnachtsmorgen die neue Eisenbahn eine erste Runde drehen ließ und wenn die Mutter „G'rühr“ machte alias „Durananderʻ", also gebratene Pfannkuchenteig-Stückle, zusammen mit einer Kombination aus Kartoffel- und Endiviensalat.

Plötzlich „überhaupt koin Hunger“ hatte der Bub dagegen, wenn es saure Kutteln gab oder gar eine Hirnsupp'. „Die macht g'scheit“, behauptete zwar der Vater, doch Klaus reizte der in Aussicht gestellte Wissenszuwachs herzlich wenig. Daß trotzdem gegessen wurde, was die Mama gekocht hatte, war im Hause Fischer klar. Und wenn eines der Kinder „d' Nas' nuffzoge hat“, sorgte das Familienoberhaupt mit strengem Blick für den gebührenden Appetit.

Daran mangelte es offenbar in keiner Weise, als sich Klaus bei der Hochzeit von Gerhard und Marianne mit einer Überdosis Kuchen den Magen „verrenkte“. Im übrigen aber trug gerade jener Gerhard sehr zum Wohlbefinden des Fischer-Juniors bei.

Fernsehen bei Gerhard

Den jungen Mann namens Porlein hatte Vater Artur im Oktober 1954 als Versuchsmechaniker und Konstrukteur eingestellt. Daß dieser neue „Onkel“, der aus Nieder-Ramstadt kam und dessen Mutter eine Schwester von Großvater Georg war, später zum Entwicklungsleiter und Prokuristen aufstieg, sprach gewiß für seine fachliche Kompetenz, beeindruckte den Klaus jedoch vorerst wenig. Weshalb ihm Gerhard Porlein überaus verehrungswürdig erschien, lag an einem Wunderwerk, das er in die Dachwohnung bei Frieda Fink mitgebracht hatte: ein selbstgebautes Fernsehgerät – das erste in Tumlingen! Da waren dann Klaus, Margot und die Eltern bisweilen zu Besuch und starrten gebannt auf den Bildschirm, wenn Rudi Schuricke seine „Caprifischer“ schmetterte oder Ludwig Erhard rhetorisch das Wirtschaftswunder ankurbelte.

Wie sich bald herausstellte, hatte Onkel Gerhard noch mehr zu bieten: In seinem „Leukoplastbomber“ der Marke Lloyd nahm er den Großneffen mit zum Ostermontagsmarkt nach Dornstetten, und zum elften Geburtstag schenkte er ihm sogar eine Schreckschußpistole, damit sich der Bub gegen all die Piraten und finsteren Cowboys in seinem Freundeskreis besser zur Wehr setzen konnte. Als passionierter Jäger machte

Onkel Gerhard den Jungen später auch mit Waffen anderen Kalibers vertraut. Ob das Zerschießen von Tumlinger Straßenlaternen mit einem KK-Gewehr bereits zur offiziellen Grundausbildung gehörte, darf bezweifelt werden, aber daß Klaus Fischer nach Bestehen sämtlicher Prüfungen zum zünftigen Waidmann heranwuchs, läßt sich jederzeit nachweisen.

Spielzeug mit Tragweite: Klaus und Margot testen Onkel Richards Modellflieger

Abenteuerspielplatz Fabrik

Ein Erfinder und Firmengründer steht seinem Sohn nicht eben häufig als Spielgefährte zur Verfügung. Zu den unbestreitbaren Vorzügen von Klaus' Herkunft gehörte jedoch, daß sein kindlicher Forscherdrang auf überdurchschnittlich viel Verständnis stieß. Schon früh durfte er den Papa in die Fabrik begleiten. „Klaus, willsch mit?" fragte die Mutter am Sonntag morgen, „dr Vater geht ins G'schäft." Da dieser zu arbeiten hatte, begeisterte ihn solch verhohlene Aufforderung zum Kinderhüten nur in Maßen. Aber sobald er die braunen Augen seines Sohnes aufleuchten sah, nahm er ihn an die Hand und spazierte mit ihm zur neuen Dreherei hinüber, wo er unterm Dach in Gerhard Porleins Konstruktionsbüro an Produkten für die „Agfa" tüftelte. Dort ließ er den Jungen die glitzernden Reflektoren betasten und den neuen Auslösegriff für Kameras in die kleinen Hände nehmen. „Und des hier gibt einmal eine aufladbare Taschenlampe", sagte er mit ein bißchen Stolz in der Stimme, während er auf einige Gehäuseteile für die Firma Witte & Sutor zeigte.

Später ging der Klaus allein auf Entdeckungstour. Entweder am „Käppele" vorbei zur ehemaligen Turnhalle von Hörschweiler, wo er durch die mechanische Fertigung streifte und dem Werner Beilharz Löcher in den Bauch fragte oder im Stockwerk drüber eine Zeitlang zuschaute, wie Karl-Heinz Fette und „seine" Frauen Blitzer montierten. Häufiger noch lief er die paar hundert Meter von der elterlichen Wohnung zum Tumlinger „Lindele", wo jetzt schon drei Fabrikgebäude standen und die erste Spritzgießmaschine Polystyrolteile ausspuckte. „Paß uff, die sind hoiß!“ rief Meister Stoll beim ersten Besuch, aber Klaus hatte schon eine der schwarzen Plastikschalen angefaßt – und schleunigst wieder fallen lassen.

Das Betriebsgelände wurde zum Abenteuerspielplatz, und der ansonsten gestrenge Papa hatte wenig dagegen. Daß sich sein Sohn für Spindelpressen und Stanzwerkzeug interessierte, war ihm nur recht. Daß er sich mal die Finger verbrannte, auf den Daumen klopfte oder Schrammen davontrug, sollte er mannhaft ertragen. Und daß Schlimmeres hätte passieren können, erfuhr er gottlob erst im nachhinein. Zum Beispiel als der Nachwuchs-Caracciola samt Schwesterherz einen Besucher-Mercedes „testen“ wollte und beide aus dem dahinrollenden Wagen sprangen, ehe er auf eine Hausmauer krachte. Oder als der kleine Autonarr einen abgestellten Kleinlaster dadurch in Bewegung setzte, daß er die Handbremse löste. Da erteilte der erboste Vater dem Jungen ein striktes Fahrverbot und ermahnte obendrein die komplette Belegschaft, künftig jede Art von Fahrzeug nicht mehr unverschlossen herumstehen zu lassen.

Klaus fühlte sich fast „zu Hause“ zwischen Schleifmaschinen und Schweißapparaten und bei all den netten Menschen, die sich gewöhnlich freuten, wenn „dr Bua vom Chef“ auftauchte. „Irgendwie war es Familie für mich“, urteilt er mit dem Abstand von 40 Jahren, „da war ich aufgehoben, da wußte ich, wo ich hingehöre.“

Auf jeden Fall gefiel ihm das wesentlich besser, als wenn er beim Oberlehrer Schneck das Einmaleins pauken mußte. Der behauptete zwar, daß das „fürs Leben" sei, aber Schüler Klaus konnte sich das in Anbetracht seiner „Betriebserfahrung" nicht so recht vorstellen. Außerdem argwöhnte er nach einiger Zeit, daß die Notengebung des Friedrich Schneck stark durch persönliche Vorlieben geprägt wurde. Und weil er selbst – wie sich anhand von Rechtschreibkorrekturen und Zeugnissen leicht belegen ließ – nicht zu den bevorzugten Eleven zählte, mußte er sich zu Hause mangelnden Fleiß vorhalten lassen: „Du bisch ja net blöd!" stellte der Vater zu Recht fest und drohte, handgreiflich zu werden: „Du kriegsch a paar hinter d'Löffel, wenn des net besser wird mit dir."

Als es tatsächlich besser wurde, vor allem weil Lehrer Hugo Mattes in Hörschweiler die Begabungen des Schülers erkannte und förderte, nötigte das dem Papa keinen Kommentar ab. Leistung galt ihm als selbstverständlich. Lob, dachte er wohl, hätte da nur geschadet.

Am Fuß der blauen Berge

Seit die Nachbarorte 1935 einen Schulverband gebildet hatten, wurden die Sechs- bis Zehnjährigen beider Gemeinden in Tumlingen und die nachfolgenden Klassen in Hörschweiler unterrichtet, jeweils vier Jahrgänge in einem Raum. Das brachte den Klaus mit dem Sohn vom Tumlinger Friseur zusammen, und der Hartmut Schimmel wurde – obwohl oder vielleicht gerade weil er zwei Jahre älter war – sein bester Freund. Auch der Hartmut war „industriell bewandert", weil sein Papa nur abends den Tumlingern die Köpfe verschönte und tagsüber in der Fabrik vom Fischer schaffte. Wenn sich das Schulbubengespann im Betrieb sehen ließ, war ihm ein freundlicher Empfang sicher.

Was die zwei im Lauf der Jahre noch mehr zu schätzen wußten, war die Bereitschaft von Hermann Schittenhelm und anderen Mitarbeitern, sie mit Baumaterial zu versorgen. Die „Kapfenhalde" lag seinerzeit nicht am Westrand von Tumlingen, sondern „am Fuß der blauen Berge": Zwischen einer Buche und einem verdorrten Holunderstrauch zimmerten Hartmut und Klaus ein Hüttle, das ausreichenden Schutz versprach, wenn sie sich mit rauchenden Colts einer Horde von Sioux-Indianern erwehren mußten. Und weil selbst die tapfersten Revolverhelden mal Hunger haben, schnitten sie eine der Blechboxen, in denen die BASF Polyamid anlieferte, mit der Blechschere so zurecht, daß sie darauf Eier und Instantsuppe kochen konnten.

Auch Verkleidungsteile und Lenkgestänge für ihre Seifenkisten requirierten die beiden im Werk, dazuhin Know-how von der Schlosserei. Kfz-Spezialist Werner Kübler avancierte zum technischen Berater des jugendlichen Rennteams und ließ den autovernarrten Klaus schon mal im firmeneigenen Volkswagen eine Runde drehen. Als im Frühjahr 1964 der große Erweiterungsbau eröffnet wurde, vertrat ihn der 13jährige sogar im „Amt". Weil Werner Kübler im „Oberwiesenhof" in Besenfeld einige Platten mit belegten Brötchen für die Ehrengäste holen sollte, an diesem Vormittag aber äußerst unpäßlich war, begnügte er sich mit dem Beifahrersitz. Klaus Fischer tarnte sich mit einem breitkrempigen Hut, lenkte den Opel Caravan bis kurz vors Hotel, ließ sich drinnen die Bestellung aushändigen und kehrte anschließend unversehrt und stolz wieder nach Tumlingen zurück.

Heiße Wagen, wilde Mähne

Die „Faszination Auto" und der Spaß am Fahren sind bis heute geblieben. Nur selten läßt sich Klaus Fischer chauffieren. Er setzt sich in seinem Firmenwagen, einem Mercedes 600 Coupé, lieber selbst ans Steuer, und das gilt erst recht für den von Brabus veredelten Range Rover und eine Reihe von Oldtimern, darunter ein 300er „Adenauer" von Daimler-Benz. So nobel bewegte sich Klaus Fischer nicht immer fort, aber für Extras war er schon früher zu haben: Gut 88 000 Kilometer zeigte der Zähler des weißen Käfer, den er, gerade 18 Jahre alt, mit Rammstoßstangen bewehrte.

Erst ein Jahr später, zum Geburtstag, bekam er einen blauen Opel GT 1100 geschenkt – trotz langer Haare. Einige Wochen zuvor hatte ihn der Vater ultimativ aufgefordert, sich von seiner „Beatlesfrisur" zu trennen, andernfalls könne er sein Wunschauto vergessen. Vor diese Alternative gestellt, war der junge Mann sich und seinem Kopfschmuck treu geblieben: „Dann kannsch dein Karre b'halte!" hatte er wütend geschrien und mit soviel Dickköpfigkeit seinen „alten Herrn" ausnahmsweise beeindruckt.

Inzwischen absolvierte der junge Mann ein Praktikum bei der Firma Netstal, die seinerzeit den fischerwerken das Gros ihres Maschinenparks in der Kunststoffverarbeitung lieferte. Im schweizerischen Näfels machte Klaus Fischer durch technisches Verständnis auf sich aufmerksam. „Das häsch du aber guet g'machet", lobte ihn der Meister, als er bei einer Probearbeit sogar die Lehrlinge des dritten und vierten Jahres übertrumpfte. So kam es schließlich auch, daß die Maschinenbauer vom Walensee nicht einen ihrer Mechaniker ins 150 Kilometer entfernte Tumlingen entsandten, sondern dem Praktikanten einen Packen Zeichnungen mitgaben und ihn die Spritzgießautomaten im väterlichen Betrieb gemeinsam mit einem deutschen Netstal-Monteur umstellen ließen. Als dann Artur Fischer plötzlich zwischen den Maschinen auftauchte, um den Abschluß der Arbeiten zu begutachten, schaute ihn sein Klaus erwartungsvoll an. Das energische „Komm nachher mal rauf zu mir!“ ließ ihn allerdings schon ahnen, daß keine Lobreden zu gewärtigen waren. Und als er eine halbe Stunde später im Chefzimmer stand, ging es tatsächlich nicht um seinen erfolgreichen Einsatz als Techniker, sondern einmal mehr um seine „Mähne“. Der Vater ließ – buchstäblich – kein gutes Haar an ihm.

Zum Spielen verdammt

Nach Klasse acht war Klaus Fischer von der Volksschule in Hörschweiler auf die Höhere Handelsschule in Freudenstadt gewechselt und dort 1969 mit der Mittleren Reife abgegangen. Einzig Lehrer Mattes hatte ihn mit guten Worten – „Bua, des kannsch du doch!“ – zu Höchstleistungen und entsprechend respektablen Zeugnissen geführt. Ansonsten, gibt er heute zu, „hab' ich immer geguckt, daß ich grad' so durchkomm'“. Solche Genügsamkeit schien dem Herrn Papa ganz unangebracht. „Also, wenn du mal Ingenieur werden willsch ...“, begannen dessen Vorhaltungen mit einer gewissen Regelmäßigkeit, und dann folgte eine umfangreiche Aufzählung von geistigen und moralischen Voraussetzungen, um diesen unvergleichlichen Beruf ergreifen zu können und damit überhaupt erst geeignet zu sein, eines schönen Tages in die Fußstapfen des Vaters zu treten.

Fundiertes Wissen und guter Charakter waren eine Sache, praktische Erfahrungen eine andere. Als der Vater sein neues Spielzeug auf den Markt bringen wollte, fungierte Sohn Klaus als Testperson. Es war im Sommer 1964, draußen lockten Schwimmbad und Fußballplatz. „Die andere Kinder sind auf dr Gass'", protestierte er, „und i soll in dr Wohnung sitze und mit dem Zeugs baue!" Solche Einwände indes trafen auf taube Ohren. Der Papa war vom Spielwert seiner fischertechnik überzeugt und setzte bei Klaus kongeniale Begeisterung voraus. Wenn der 15-jährige abends keine Konstruktionen vorzeigen konnte, zweifelte er an dessen Eignung für Höheres: „Du willsch mal die Firma übernehme? Des kannsch bleibe lasse."

Der Traum vom Fliegen

Allerdings konnte die Aussicht auf eine Unternehmerkarriere, vorübergehend zumindest, ohnehin nicht mit dem Überblick konkurrieren, den das Cockpit eines Düsenjets bietet: Mitte der Sechziger wollte Klaus partout Pilot werden. Das Vorbild dafür gab Heinrich Wörner ab, ein Schulfreund des Vaters, der zum Flugkapitän bei der Lufthansa aufgestiegen war und, neben der aktiven Fliegerei, auch den Nachwuchs auf der Super Constellation ausbildete. Immer wieder in dessen Haus im Taunus-Ort Rossert bei Königstein zu Besuch, entwickelte Klaus Fischer zu ihm und seiner Frau Hildegard, einem kinderlosen Ehepaar, bald eine intensive Beziehung. Heiner, wie Klaus ihn nannte, nahm bisweilen sogar Vaterstelle ein, wenn der Junge ihm Schulsorgen schilderte oder Lebensträume offenbarte. Und wenn es auf Entdeckungstour zum Frankfurter Flughafen ging, wenn der Mann in Uniform zum „Sesam öffne dich“ für Hangars und Pilotenkabinen wurde, wenn er Instrumente erläuterte und von fernen Reisezielen erzählte, dann stand für Klaus Fischer fest, daß er eines schönen Tages selbst eine Boeing 747 steuern würde.

Zum Jumbo reichte es zwar nicht. Tatsächlich aber kurvte er, Jahre später in Stuttgart, mit einer Sportmaschine durch die Lüfte. Der Student hatte seinen ersten Alleinflug und den Theorie-Teil für die Pilotenprüfung schon hinter sich, ehe er dann, die Diplomarbeit vor Augen, den Traum vom Fliegen aufgab. Im Oktober 1997 konnte er Vision und Wirklichkeit aber doch noch in Einklang bringen: Seither gebietet Klaus Fischer über eine fünfsitzige Beech King Air C90B als Firmenflugzeug.

Schwarz nach Hause

Noch vor dem Studium sollte Klaus Fischer den betrieblichen Alltag „am eigenen Leibe verspüren". So folgten der einjährigen Mitarbeit bei Netstal gleich noch vier weitere Praktika: bei der BASF und im Zeichenbüro der Tübinger Himmelwerke, bei einem Kunstschmied unweit von Balingen und schließlich im Zweigbetrieb der Schwäbischen Hüttenwerke im Baiersbronner Ortsteil Friedrichstal. Dort packte der 20jährige in der Gießerei mit an, einem Arbeitsumfeld, das laut Betriebsleiter „zu den härtesten im Bereich der Metallindustrie" gehörte, wegen körperlicher Beanspruchung, Hitze, Staub und Dämpfen. Mutters Waschmaschine war in jenen Wochen auf Dauerbetrieb geschaltet, denn „da isch er immer ganz schwarz hoimkomme".

Früher als erwartet, kehrte er aus Ludwigshafen zurück. Beim größten Polyamid-Lieferanten der fischerwerke schien aus seiner Sicht schwäbisches „Schaffen" nicht gefragt zu sein. Aufs Zuschauen sollte sich hier der Gast-Arbeiter beschränken und den eigenen Kittel zwangsweise gegen ein BASF-Exemplar tauschen. Als Klaus Fischer gegen die Engstirnigkeit des Ausbilders aufbegehrte, kam es zu heftigen Wortwechseln, und bald schon galt der junge Mann aus der Provinz als „Revoluzzer". So trat er nach wenigen Wochen den Rückzug in die Heimat an.

Ganz anders verlief die Zeit am Kleinen Heuberg bei Kunstschmied Braungart. Dort war wieder Zupacken gefragt. So sehr sogar, daß er, drei Tage nach Arbeitsbeginn, den Schmiedehammer nicht mehr halten und beim Heimfahren die Gangschaltung des Opel GT kaum bedienen konnte, weil die rechte Hand voller Blasen war und der Arm höllisch schmerzte. Dennoch begeisterte sich Klaus Fischer für die Kunstfertigkeit des Rosenfelder Handwerkers. „Was der aus dem Metall zaubert, isch sagenhaft", schwärmte er abends seiner Mutter vor. Er selbst konnte am Ende auf zwei tischgroße Werkstücke aus eigener Fertigung verweisen: schwarz-rote Firmensignets für Fischer.

Und weil Meister Braungart dem gelehrigen, aber stets „klammen" Schüler etwas Gutes tun wollte, legte er ihm ein familieninternes Geschäft ans Herz. „Jetzt gehsch zu dei'm Vater", sagte er und wies dabei auf die beiden Produkte. „Von dem verlangsch tausend Mark, und die schenk' ich dir dann." Der Deal gelang. Seither kann man die beiden schmiedeeisernen Fisch-Symbole am Verwaltungsbau in Tumlingen und am Zweigwerk in Altheim bewundern.

Die „Red Stars" locken

Während der beiden Jahre, die Klaus Fischer in fremden Firmen arbeitete, verlor das heimatliche Tumlingen nichts von seiner Anziehungskraft. Inzwischen wohnte die Familie an der Weinhalde, in einem weitläufigen Haus oberhalb des Betriebs. Die Mutter war, wie in Kinderjahren und Schulzeit, Anlaufstelle in allen Lebenslagen. Wenn er sich über das Foul beim letzten Fußballspiel erregte oder Neil Armstrong bewunderte, weil er gerade als erster Mensch den Mond betreten hatte, wenn er von Ärgernissen bei der Arbeit erzählte oder von einem Mädchen schwärmte, mit der er beim Dorffest getanzt hatte – sie hörte geduldig zu und gab einfühlsam Rat. Sie verstand auch, daß es für einen 18jährigen Bedeutsameres gab als Vaters Anordnung, bis spätestens 22 Uhr zu Hause zu sein. Selbst wenn sie sich nicht ganz sicher war, gab sie schon mal ein „Ja, ja, der isch scho lang daheim" zur Antwort, wenn ihr Mann spät aus dem Büro kam und sich nach dem Verbleib des Sohnes erkundigte. Und bei Bedarf machte sie den Klaus darauf aufmerksam, daß der Familienvorstand verreist sei: „Heut' isch dr Papa net da, heut' kannsch a bißle länger fortbleibe."

Nach Näfels fuhr Klaus Fischer sonntags via Zürich mit dem Zug. Am Freitag abend holte ihn dann meist Freund Hartmut vom Horber Bahnhof ab. Mit dessen Austin ging's zum Schwoof in den Altheimer „Schwanen" oder in eine der Turn- und Festhallen der Umgebung, wo die „Red Stars", „Colorados" und „Melodie Stars" auftraten und mit einer Mischung aus Beat und deutschen Schlagern für Stimmung sorgten.

Dort begegnete Klaus Fischer auch immer mal wieder der blonden Sabine, die er schon während seines letzten Schuljahrs im Bus nach Freudenstadt und 1969 bei einem Fest in Salzstetten gesehen hatte. Aber erst die Tatsache, daß irgendwann das Fräulein Ückert aus dem Neckarstädtchen Horb ihren Boxerhund spazierenführte und justament in dieser Schicksalsstunde der junge Mann aus Tumlingen mit seinem Opel am Wegesrand stoppte, führte zu intensiverem Interesse – und schließlich zur Hochzeit am 27. Juli 1974.

Nicht zu schwer: Ingenieur

Seit dem Frühherbst 1971 pendelte Klaus Fischer, meist in Fahrgemeinschaft mit seinem Horber Studienfreund Heiner Raible, vom Neckar zum Bodensee, um an der FH Konstanz Maschinenbau und Angewandte Technik zu studieren. „Das hat mir Spaß gemacht", erinnert er sich, „vor allem die technische Seite hat mich unheimlich fasziniert." Mit Realschulabschluß mußte er die ersten zwei Semester darauf verwenden, die Fachhochschulreife nachzuholen. Aber den Zeitverlust machte er wieder wett, als ihm wegen seiner zahlreichen Praktika das Industrie-Semester erlassen wurde. Auch sonst trödelte er, von einzelnen „Durchhängern" abgesehen, nicht herum. Freundin Sabine beeindruckte schon damals „die Zielstrebigkeit, mit der er das durchgezogen hat". Von Studentenstreiks und Vietnam-Demonstrationen hielt er wenig. „Das ist nicht die Art, wie ich mich äußere. Ich sag's lieber persönlich, wenn mir was nicht paßt." Mit dem Fachbereichsleiter verband ihn auch aus diesem Grund ein enges Verhältnis, das weit über die Konstanzer Jahre hinaus bestehen blieb.

Im Februar 1975 durfte sich Klaus Fischer, nach einer aufwendigen Abschlußarbeit und erfolgreich absolvierter Prüfung, endlich Diplom-Ingenieur nennen. Schon als Zwölfjähriger hatte er davon geträumt, im Betrieb vom Papa arbeiten zu können. Und „mit 16 oder 17", so genau weiß er das nicht mehr, „bin ich mal allein im Büro meines Vaters gestanden und hab' gedacht: Ob ich jemals auf diesem Stuhl sitze?" Jetzt war er der Antwort ein Stück nähergerückt.

Bei seinem neuen Arbeitgeber fühlt sich Erhart Kaiser wohl. Nur einmal, als im Führungskreis über weitere Investitionen beraten wird, gerät er mit Herbert Grünewald, dem kaufmännischen Leiter, aneinander. „Als ich dem was von Deckungsbeiträgen und monatlicher Ergebnisrechnung erzählt habe, hat der so getan, als wär' ihm ein unsittlicher Antrag gemacht worden!"

Wer emporkommen will ...

Ein Badener in Schwaben

Erhart Kaiser, seit zehn Wochen für die Materialwirtschaft der fischerwerke verantwortlich, telefoniert an einem Abend im Juli 1974 mit seinem früheren Vorgesetzten Peter Spang. Der arbeitet im badischen Ettlingen als alleiniger Geschäftsführer des Kunststoff-Verpackungs-

Willkommen: der neue Finanzmann Peter Spang (links) mit Erhart Kaiser, Artur Fischer und Ernst Zimmermann

spezialisten Elbatainer. Und für den 32 Jahre alten Finanzmann gehören institutionalisierte Deckungsbeitragsrechnung und strategische Planung zu den Selbstverständlichkeiten der Unternehmensführung. Daß es daran in Tumlingen mangelt, erstaunt ihn, denn der Betrieb im Schwarzwald, der zu dieser Zeit mit 1200 Beschäftigten 90 Millionen Mark umsetzt, ist ihm als erfolgreicher Dübel- und Spielzeughersteller ein Begriff. „Da kommen die auch noch drauf", tröstet er seinen ehemaligen Chefeinkäufer, „und wenn ich Ihnen mal helfen kann, melden Sie sich."

Die Bitte um Beistand folgt schneller, als der Badener gedacht hat. Artur Fischer spürt, daß sein Instinkt allein nicht mehr genügt, um das komplizierte Gefüge zusammenzuhalten, das in zweieinhalb Jahrzehnten entstanden ist. Und auch die Banken wünschen, genauer Einblick zu nehmen: Die Kunststoffspritzerei, der Anbau am Zweigwerk Salzstetten, der Kantinenneubau, der gewaltige Personal- und Werbeaufwand, um fischertechnik auf dem Markt zu etablieren – das alles hat dazu geführt, daß sich kurzfristige Kredite zu einem höheren zweistelligen Millionenbetrag summieren. Da kann ein „handgestricktes" Finanzwesen nicht von Dauer sein.

Kaiser und dessen Personalkollege Ernst Zimmermann fragen deshalb bei Peter Spang an, ob er vor der Führungsmannschaft in Tumlingen zum Thema referieren möchte. Er sagt zu – und lernt erstmals Artur Fischer kennen. Der Erfinder imponiert ihm auf Anhieb, obwohl er, wie Spang auf der Heimfahrt durch den Kopf geht, „ziemlich leise spricht".

Zwei Monate später sind die Abgesandten Kaiser und Zimmermann erneut im Einsatz. Diesmal wollen sie den Badener auf Dauer verpflichten, denn sein Know-how hat Eindruck hinterlassen. Und tatsächlich kündigt Peter Spang im Januar 1975. Elbatainer hat sich vom Familienbetrieb zum Konzern gewandelt, Spang aber sucht die „unmittelbare Nähe zum Entscheider". Kurze Wege sind ihm wichtig und die Chance, etwas zu bewegen. Dazu bietet ihm Artur Fischer reichlich Gelegenheit: Spang soll die Verantwortung für den kaufmännischen Bereich samt Vertrieb übernehmen und obendrein – wie es im Vertrag heißt – „Herrn Klaus Fischer ins Unternehmertum einführen".

Der junge Mann schließt gerade sein Maschinenbau-Studium an der Fachhochschule Konstanz ab und wird ab März 1975 in der Firma des Vaters arbeiten. Als Peter Spang nach Ablauf der einjährigen Kündigungsfrist schließlich mit Frau und vierjähriger Tochter nach Tumlingen wechselt und im April 1976 sein Büro im zweiten Stock der Fischer-Verwaltung bezieht, ahnt er noch nicht, daß ihn die familiäre Konstellation zeitweise in turbulente Auseinandersetzungen verwickeln wird.

Stellung verpflichtet

Auch die Meister und Abteilungsleiter, die am 4. März 1975 im Lehrsaal bei der Betriebskantine angetreten sind, würden sich einen Richtungsstreit zwischen Vater und Sohn nicht träumen lassen. Viele von ihnen kennen „den Klaus", seit er als Bub durch die Werkstätten gestreunt und mit Firmenfahrzeugen über den Hof kutschiert ist. Jetzt steht der 24jährige, etwas unsicher noch, inmitten der Konferenz und signalisiert mit Cordanzug, kariertem Hemd und extrabreiter Krawatte einen Rest von jugendlichem Anderssein. Aber daß er „in die Fußstapfen seines Vaters tritt", scheint klar zu sein – und daß davon zuallererst Artur Fischer ausgeht, zeigt sich an diesem Dienstag nachmittag, als er den Sohn offiziell ins Unternehmen einführt.

Es ist weit mehr als ein geschäftsmäßiger Willkommensgruß, einige Herren sprechen später von einem „bewegenden Moment". Weniger „der Chef" ist da zu hören als der Vater. Fast eine halbe Stunde lang spricht er über den Wert „wahrer Freunde" und warnt vor falschen: „Sie sehen in dir nur ein Ausbeutungsobjekt." Er fordert dazu auf, Eigennutz und Eitelkeit zu entsagen, und mahnt, mutig zu sein: „Stellung verpflichtet. Wer etwas sein will, den verpflichtet dieser Wille auch dazu, furchtlos daherzuwandeln." Ein Weltbild offenbart sich, und das macht feine Unterschiede: „Der emporkommen will, muß über Eigenschaften verfügen, die ihn über den Durchschnitt des Menschen erheben."

Zugleich läßt der Papa keinen Zweifel daran, wohin der Weg seinen Klaus innerbetrieblich führen

Feier mit Vesper: kleine Stärkung bei der Einführung von Klaus Fischer (links) ins Unternehmen

soll: „Das Werk lebte bisher von Ideen, und deine Aufgabe, mein Sohn, ist es, dich in die Welt des Schöpferischen hineinzuleben und die große Genugtuung darüber zu empfinden, Neues zu schaffen und geschaffen zu haben, das kein Vorbild, sondern nur die Disziplin der eigenen Idee in sich birgt.“ Zwei Tage später wird der junge Herr Fischer auch noch der „Technischen Konferenz“ vorgestellt, und Vater Artur macht deren besonderen Stellenwert deutlich: „Ich bitte dich, dich einzustellen auf diese Mitarbeiter. Es sind Männer, die sich um das Werk verdient gemacht haben.“

Eine Zeitlang versucht der Angesprochene, den väterlichen Vorgaben gerecht zu werden. Schließlich hat er Maschinenbau studiert, denkt mit Vergnügen an sein Praktikum beim Rosenfelder Kunstschmied zurück und ordnet – scherzeshalber – Kaufleute als zweitrangig ein. Aber bald schon gelangt er zur Überzeugung, daß die Unternehmensführung nicht dem Diktat der Technik unterliegen darf. Und der hehre Anspruch, nur Selbstentwickeltes auf den Markt zu bringen, gerät zum Zankapfel zwischen den Generationen.

„Revolution" mit dem Junior

„Wir sind der größte Dübelproduzent auf dem europäischen Kontinent", verkündete in jenem Jahr Pressesprecher Dieter Tschorn. Vom Berliner Institut für Bautechnik erhielt Fischer als erster Hersteller die amtliche Zulassung für einen Kunststoffdübel, auf der Hannover-Messe staunten Handwerker über neue Abstandsdübel, und für „Otto Normalverbraucher" gab's ein SB-Sortiment „mit genau passenden Schrauben". Das Fischerdübel-Handbuch listete nahezu 100 Elemente auf, „mit denen etwa 90 Prozent aller Befestigungsprobleme zu lösen sind". Fast zwei Drittel der insgesamt 3300 Schutzrechte galten Erfindungen aus diesem Bereich.

Aus Sorge, daß die Mitbestimmungsrechte, die das neue Betriebsverfassungsgesetz vorsah, auf das Patentwesen ausgedehnt werden könnten, war 1974 die „Artur Fischer Forschung" als selbständige Firma eingetragen worden. Dort übernahm der Junior im März 1975 die Verant-

wortung fürs Prüffeld, einen Bereich also, in dem „das Schöpferische" seine Alltagstauglichkeit unter Beweis stellen mußte. Sicherheit ist in der Befestigungstechnik seit jeher die conditio sine qua non: Mit Dutzenden, oft Hunderten von Auszugsversuchen werden selbst unter absonderlichsten Bedingungen die Haltewerte von Kunststoffdübeln und Stahlankern dokumentiert und Neuentwicklungen in langen Testreihen wieder und wieder auf ihre Gebrauchsfähigkeit geprüft. Bereits in der zweiten Jahreshälfte war Klaus Fischer an einer „Revolution" beteiligt. So jedenfalls bezeichnete die Werbung im Folgejahr

Erfahrungsaustausch: Prüffeld-Leiter Klaus Fischer (fünfter von links) und die Außendiensttechniker bei der Jahrestagung.

das Fischer-Injections-System. Im Gegensatz zum herkömmlichen Spreizdübel ermöglichte es spannungsfreies Befestigen an Hohlkammersteinen, Leichtbaustoffen und Mauerkanten – nicht zuletzt wegen eines am Ende erweiterten Bohrlochs. Die dazu notwendige Konus-Bohr-Einrichtung erarbeitete der junge Ingenieur. Und deshalb meldete die Mitarbeiter-Zeitung „aufgefischt“, daß Artur Fischer ein neues Befestigungssystem entwickelt habe, und zwar „erstmals in enger Zusammenarbeit mit seinem gerade in die Firma eingetretenen Sohn“.

Als problematisch hatte sich die ursprüngliche Idee erwiesen, den Spezialdübel mit eingepreßtem Harz im Bohrloch zu verankern. „Die Quellwirkung isch so stark, daß es den Dübel rausdruckt“, berichtete Klaus Fischer seinem Kollegen Eugen Jung, der den Senior in der Entwicklung unterstützte. „Dann müssen wir schau'n, ob wir mit Mörtel weiterkommen“, befand der sechs Jahre ältere Patentingenieur, und tatsächlich gab's am Ende eine geeignete Mischung auf der Basis von Heidelberger Schnellzement.

Die Feuerlanze von Genf

Die beiden Absolventen der FH Konstanz verstanden sich gut. Nicht selten waren sie aufeinander angewiesen, wenn es Artur Fischer verständlich zu machen galt, warum sich der eine oder andere Geniestreich in der Prüffeldpraxis nicht bewährt hatte. Solche Negativergebnisse wurden mitunter als grundlegende Zweifel am Erfinderdasein mißverstanden, und dann erwiesen sich gegenseitige Argumentationshilfen als nützlich.

Wenn es das Arbeitsaufkommen im heimischen Versuchsraum halbwegs zuließ, waren Klaus Fischer und Eugen Jung auch gemeinsam unterwegs. Mal gab es eine Fachtagung in Budapest zu besuchen, mal ein Verwertungsangebot in Genf zu prüfen. Das dortige Batelle-Institut etwa, eine angesehene Forschungseinrichtung, bot der immer wieder aufflackernden Diskussion ums „Dübeln ohne Bohren“ neue Nahrung. Endlich sei ein vielversprechender Ansatz gefunden, hieß es in einem Schreiben an die fischerwerke, und so reiste das Tumlinger Experten-Duo erwartungsfroh in die Schweiz. Dort präsentierte ein fünfköpfiges Team Erstaunliches: eine rund drei Meter lange Lanze mit einem Spezialmantel, der nach Aufschlagen auf eine Wand durch eine Zündkapsel aktiviert wurde und hernach so hohe Temperaturen entfachte, daß im Beton tatsächlich ein Loch entstand, aber auf dem darunterliegenden Boden auch ein Berg heißen Metalls und stinkender Schlacke zurückblieb. Inwieweit dieses eher umständliche und offenbar noch nicht ganz ausgereifte Verfahren dem herkömmlichen Bohren eines Lochs entscheidend überlegen sein sollte, erschloß sich den Besuchern aus dem Schwarzwald nicht. Als sie nach verbalen Rückzugsgefechten vor dem Institut in ein Taxi stiegen, brachte Klaus Fischer ihr Urteil auf einen kurzen Nenner: „So ein Krampf!"

Kleine Kästen, großer Verlust

Unterdessen konzentrierte Vater Artur seine unternehmerischen Aktivitäten auf fischertechnik. Zehn Jahre, nachdem die ersten Baukästen auf der Nürnberger Spielwarenmesse vorgestellt worden waren, hatte sich das Spielzeug zum Konstruktionssystem gewandelt, mit 450 Einzelteilen, diversen Motoren und Elektronik. Es schien überall Verwendung zu finden – ob für Industriemodelle der Universität Stuttgart oder zum Steuern von Miniaturzügen im Nürnberger Hauptbahnhof, ob als Multi-Quirl bei den Cassella-Farbwerken oder als Quiz-Preis im Hessischen Hörfunk. Es lockte Bewunderer unterschiedlichster Provenienz an – vom Beruferater Hans Sachs über den russischen Vizeminister für Volksbildung bis hin zu Teilnehmern eines Produktionstechnik-Kongresses. Und es brachte dem Erfinder die erste Ehrendoktorwürde ein – verliehen von den Erziehungswissenschaftlern der Universität Gießen „in Anerkennung seiner hervorragenden Verdienste um die Pädagogik".

Mit dem glanzvollen Image der Marke konnte freilich der Verkauf nicht ganz mithalten. „Wir liefern fischertechnik nur an den Fachhändler, der das gesamte Programm führt und einen guten Service bietet“, hieß es anspruchsvoll von seiten des Vertriebs. Beratung war verlangt, Kaufhäuser und Supermärkte blieben außen vor. Dem entsprach lange Zeit die Preispolitik, und so ließen sich im Spielwarengeschäft zwar manche Eltern, Großväter oder Tanten vom pädagogischen Wert kindlichen Konstruierens überzeugen, wurden aber blaß, wenn es ans Zahlen ging. Da half selbst eine Neugliederung in Baustufen nichts, die es „auch dem finanziell Schwächeren erlauben“ sollte, „nach und nach die höchste Stufe des fischertechnik-Baukastensystems zu erwerben“.

Im übrigen hatte die Programmumstellung 1975 vorrangig ein anderes Ziel verfolgt und wurde sogar von den eigenen Strategen als „einschneidend und riskant“ eingestuft. Aufgrund des arabischen Ölboykotts, der den Bundesbürgern im November 1973 das erste Sonntagsfahrverbot gebracht hatte, war die Ex-und-Hopp-Mentalität in die Diskussion geraten. „Man muß“, befand auch Artur Fischer vor diesem Hintergrund, „eine Verkaufsform finden, die dem Endverbraucher einen optimalen Überblick über die Ware gibt und die bisherigen Kartonagen wesentlich verkleinert!“ Nach einem „Denk-Marathon“ des Chefs lautete die Konsequenz: „Wir verringern freiwillig unseren Verpackungsanteil – selbst auf die Gefahr hin, durch die optische Einbuße an Umsatz zu verlieren.“ Die Vermutung, daß den Verbrauchern der Inhalt wichtiger sei als das Drumherum, erwies sich in der Tat als Trugschluß: Der besorgniserregende Rückgang beim Abverkauf belehrte die Tumlinger eines Besseren.

Polter-Geist im Chefbüro

Der Spielwarensektor entwickelte sich zum innerbetrieblichen Spannungsgebiet. Peter Spang hatte im April 1976 seinen Dienst angetreten, und Klaus Fischer war zur selben Zeit die Technische Geschäftsführung übertragen worden. Während Vater Artur fest daran glaubte, daß fischertechnik in der Gunst des Publikums zulegen und mittelfristig zum Unternehmensgewinn beitragen würde, bemängelten Finanzmann Spang und Sohn Klaus immer öfter das offenkundige Mißverhältnis von Aufwand und Resultat. Dafür machten sie nicht nur die Fertigung mit einer unübersichtlich großen Anzahl von Spritzgußwerkzeugen verantwortlich, sondern auch ein Heer von Mitarbeitern. „18 Außendienstler, zehn Dekorateure, vier Propagandisten“, rechnete Peter Spang dem Gesamtchef vor, dazuhin „drei- bis viertausend Deko-Modelle pro Jahr und ein Werbebudget, von dem unsere Dübel-Leute nur träumen können.“ Die Lage, ergänzte Klaus Fischer, sei ebenso klar wie unerfreulich: „Mit Befestigungstechnik verdienen wir unser Geld, und mit fischertechnik hau’n wir’s wieder raus!“

Derlei Vorhaltungen entzückten den Senior nicht: „So“, fragte er schnippisch, „sind die jungen Leut' mal wieder gegen mich?" Und wenn der kaufmännische Geschäftsführer akribisch die üppigen Produktions- und Personalkosten den weit weniger beeindruckenden Verkaufsergebnissen gegenüberstellte, kam es vor, daß Artur Fischer sich grundsätzlich in Frage gestellt sah. „Ich kann Ihre Zahlen nicht mehr hören!" beschied er dann seinem Gegenüber und ließ sich in dessen Büro eine Woche lang nicht mehr sehen.

In einen heftigen Disput zu diesem Thema geriet unversehens auch Personalleiter Ernst Zimmermann, als er zu später Stunde an die Tür von Spangs Büro klopfte. Während die Differenzen im Führungstriumvirat gewöhnlich nur zu erahnen waren, wurde er diesmal Augen- und Ohrenzeuge eines Polter-Abends. „Kommen Sie rein und bleiben Sie da!" rief der Firmenchef, als Peter Spang eben dabei war zu erklären, daß die herausragende Qualität äußerst hohe Gestehungskosten nach sich ziehe, was Artur Fischer mit zugekniffenen Augen zur Kenntnis nahm, ehe er kurz darauf wissen wollte, ob denn der Herr Geschäftsführer die Preise noch mehr erhöhen und dabei die Rechnung womöglich ohne den Verbraucher machen wolle. Den Streit um die „künftige Marschrichtung" empfand der unverhoffte Zuhörer als „extrem kontrovers" – erst bei einigen Gläsern Cognac beruhigten sich die Gemüter.

Zwischen den Stühlen

Peter Spang hatte sich anfangs ganz an dem Mann orientiert, der ihn eingestellt hatte. Ihn beeindruckte dessen Kreativität und Geradlinigkeit, die Art, wie er sich für Ideen begeistern und auf Ziele konzentrieren konnte. Irgendwann aber war Peter Spang in seinem ständigen Bemühen um Ausgleich „zwischen die Stühle" geraten. Denn immer öfter stimmte er in Sachfragen mit dem jungen Mann überein, dem „Hoppla-jetzt-komm-ich"-Allüren fremd waren und der sich beharrlich in die komplexe Materie der Unternehmensführung einarbeitete. Sie waren sich einig, wenn es um fischertechnik oder die neuen Nageldübel ging, um Gleitzeit oder den Drei-Schicht-Betrieb. Mehr als der Vater, fand Peter Spang, richte sich der Sohn am betriebswirtschaftlichen Erfolg aus, mehr als der Vater vertraue er auf die Kompetenz von Kollegen und Mitarbeitern.

Der Junior selbst schätzte die Spangsche Erfahrung und seinen zurückhaltenden Rat. Gerade bei Auseinandersetzungen mit dem Vater empfand er ihn als Partner: „Er hat mich nie im Regen stehen lassen." Dem Finanzmann wiederum nötigte Respekt ab, wie sich Klaus Fischer, über sein technisches Wissen hinaus, in vielen anderen Bereichen kundig machte. Und nicht zuletzt gab es gemeinsame Interessen ganz anderer Art: die Tennisspiele auf dem firmeneigenen Hartplatz oder die Ausflüge nach Vorarlberg, wo sie gemeinsam mit Dieter Axt und Eugen Jung durch den „Nenzinger Himmel" wanderten, verbotenerweise Enzian ausgruben und auf dem Heimweg Rehfleisch über die Grenze schmuggelten.

Der Junior und die Altgedienten

An Sendungsbewußtsein fehlte es im Zweifelsfall weder Vater noch Sohn. Der Jüngere fand im Älteren einen energischen Widerpart – und hielt seinerseits nicht hinterm Berg, wenn er von seiner Ansicht überzeugt war. „Heißsporne sind beide", befand insgeheim der Dritte im Geschäftsführungs-Bunde, wenn es in der Chefetage mal wieder „zur Sache" gegangen war. Am Ende aber einte die Troika stets gegenseitiges Verständnis. Grundwerte wie Ehrlichkeit und Offenheit, das Vertrauen ineinander und persönliche Wertschätzung verhinderten, daß aus Meinungsverschiedenheiten Zerwürfnisse von Dauer wurden.

Und wie reagierten die Mitarbeiter auf den jungen Chef? „Die haben schon gefragt: Wie läuft's denn und wie soll denn das weitergehen? Aber daß sie sich Sorgen gemacht haben, daß die Firma nicht erfolgreich weitergeführt wird – das war, glaube ich, nicht der Fall." Für Klaus Fischer zahlte sich die „Betriebserfahrung" aus, die er schon in Kindertagen gesammelt hatte. „Als ich in die Firma kam, war niemand da, der mir Schwierigkeiten gemacht hat", erinnert er sich. Nach anfänglicher Skepsis wandten sich gerade die alten Meister an den jungen Chef, wenn sie mit Entscheidungen nicht klar kamen – etwa im Werkzeugbau, den der Senior gern mit fischertechnik-Aufträgen eindeckte, während die Kapazität für neue Produkte kaum ausreichte. „Klaus, was machet m'r jetzt?", hieß es dann am Telefon. „Dein Vater will des so, aber vom Ablauf her isch des net g'schickt, und m'r wisset, daß du des au net willsch." Dann mußte er sich

Nicht immer bierernst: Klaus Fischer und Eugen Jung (rechts) bei der Planung des neuen Entwicklungszentrums

entscheiden, ob er mit dem Papa herumdiskutieren oder den Anrufer auf die väterliche Linie einschwören sollte. „Das war nicht immer einfach", weiß er noch, „aber die Leute waren wirklich fair zu mir und haben mich eigentlich nie bei meinem Vater 'verkauft'."

Allerdings sah sich Klaus Fischer auch manch altgedienten Gefolgsleuten gegenüber, denen der Generationswechsel, der sich da anbahnte, nicht ganz geheuer war. Dazu zählte der Firmenanwalt, der sich in der Ära zuvor einen Status als universeller Berater erarbeitet hatte, und dazu gehörte auch jener Architekt, der beim Senior vergangene Tage beschwor: „Des waret noch Zeite, als Sie g'sagt hent: Jetzt fange m'r einfach an mit Baue!"

Dieser Stoßseufzer entrang sich dem Planer, noch bevor im März 1979 ein „erster Spatenstich“ oberhalb der Kantine die Entstehung des neuen Forschungszentrums ankündigte. Dorthin, so hatte Vater Artur im Frühjahr zuvor seinem Sohn erklärt, werde er sich zurückziehen, um sich ganz dem Erfinden zu widmen. „Und dann ist es deine Aufgabe, lieber Klaus, die Firma zu führen.“

An der Notwendigkeit weiterer Produktinnovationen gab es keinen Zweifel. Die Vielzahl der Baustoffe und die wachsenden Anforderungen an die Funktions- und Montagesicherheit von Ankern und Dübeln ließen Entwicklungsarbeit mehr denn je geraten erscheinen. Auch zusätzliche Prüfmöglichkeiten und neue Konstruktionsbaukästen waren gefragt. So sollte in der Fischer-Forschung, die man schon bald zur „Fifo“ verkürzte, zusammenkommen, was zusammen gehörte: kreative Köpfe der beiden Produktsparten und vor allem Versuchswerkstatt und Prüffeld, die am alten Standort voneinander getrennt waren.

Klaus Fischer und Eugen Jung, als Technikverantwortlicher und Entwicklungsleiter mit dem Projekt befaßt, hatten sich in anderen Forschungseinrichtungen, etwa bei der BASF, informiert und dann dem Architekten Grobentwürfe übergeben.

Von Gewicht, versteht sich, waren aber auch die Anregungen des künftigen Hausherrn. Artur Fischer stimmte mit dem Architekt darin überein, daß der fast 2000 Quadratmeter umfassende, zweigeschossige Winkelbau nicht nur zweckmäßig, sondern möglichst modern auszustatten sei und auch ein wenig repräsentativ. Mancherlei Detailvorschläge ergaben sich erst, nicht anders als bei früheren Gebäuden, im Lauf der Bauarbeiten – und führten diesmal zu Widerspruch. Denn Klaus Fischer und Eugen Jung drängten als Bauleiter darauf, den Kostenrahmen für das Vier-Millionen-Projekt halbwegs einzuhalten und vor allem den Einzug im Dezember 1979 zu ermöglichen. Der enorme Termindruck sorgte am Ende dafür, daß die zentrale Treppe bei winterlichen Temperaturen unter einem eigens aufgebauten Zelt vorgefertigt und für die Fenster statt Isolierglas erst einmal die Normalversion verwendet wurde.

Festschrift mit Provokation

Kurz vor Weihnachten war's vollbracht, und mit den Jahren wechselte, ausgenommen Peter Spang, auch die Führungsriege des Unternehmens. Der Senior zog sich, wie eine Pressemitteilung wissen ließ, „aus dem aktuellen Tagesgeschehen zurück", sein 29jähriger Sohn nahm auf dem Chefsessel Platz, der bisherige Betriebsleiter Hermann Brüstle rückte in dessen Position als Technischer Geschäftsführer auf, und Eugen Jung folgte Artur Fischer als offizieller Leiter der Entwicklungsabteilung in die eben fertiggestellte „Fifo". Daß dieses Revirement den Firmensprecher dazu veranlaßte, eine „reibungslose Generationsablösung“ in Aussicht zu stellen, war allerdings voreilig. Sogar die Festschrift, die man just in jenen Tagen dem Firmengründer zum 60. Geburtstag widmete, offenbarte bei näherem Hinsehen Konfliktstoff.

„Das Verhalten der Käufer ändert sich permanent, die Märkte werden härter, Preiskämpfe schieben sich stärker in den Vordergrund.“ Daraus hatte Artur Fischer schon im Frühjahr 1976 vor Abteilungsleitern und Prokuristen gefolgert: „Hier können nur Neuheiten aus einem Dilemma helfen, und zwar Entwicklungen, die nicht nur in Details den Begriff ‘neu’ verdienen, sondern von ihrer gesamten Anlage her, vom Geist her, völlig neu sind.“ Während der Senior also auf Selbsterschaffenes setzte, hegte sein Sohn ernste Zweifel, ob darauf allein Verlaß sei. Und während Artur Fischer davon ausging, daß sozusagen unaufhaltsam aus seinen Ideen marktreife Produkte würden, war sein Sohn davon überzeugt, daß sich die Entwicklung an Problemstellungen aus dem Verwenderalltag orientieren müsse.

Entsprechend äußerten sich Klaus Fischer und Peter Spang in einem gemeinsamen Beitrag für besagte Festschrift. Die Fähigkeit zur Innovation, hieß es dort unter dem Titel „Zur Bedeutung des Forschungs- und Entwicklungszentrums für die fischer-Gruppe“, werde „die bestimmende Kraft in unserem Unternehmen“ bleiben, „doch künftig“, so vermuteten die beiden, „wird es noch schwieriger als in der Vergangenheit werden, neue alleinstehende Produkte zu erfinden.“

Deshalb, folgerte das Autoren-Duo, „bedarf es einer engen Zusammenarbeit zwischen den Fischerwerken und dem Forschungs- und Entwicklungszentrum. Neue Bedürfnisse beim Verbraucher, ungelöste Probleme bei der Anwendung sind zum Beispiel wichtige Ansatzpunkte für neue Entwicklungen. Durch systematische Marktforschung wird es uns gelingen, hieraus Aufgabenstellungen für das Forschungs- und Entwicklungszentrum zu formulieren." Mit anderen Worten: Dem Erfinder Artur Fischer sollte vorgeschrieben werden, was er zu erfinden hatte. Und das kam einer Provokation gleich.

Neue Wege, neue Werte

Goethe auf der Heimfahrt

Den Kontakt hatte Dr. Walter Zügel, Vorstandsvorsitzender der Landesgirokasse, vermittelt: Als Klaus Fischer, noch keine 30 Jahre alt, die Gesamtverantwortung für eine Firma übernahm, die inzwischen mehr als 1 500 Mitarbeiter beschäftigte und 160 Millionen Mark Umsatz machte, sollte ihm der Böblinger Managementtrainer Horst Rückle zur Seite stehen. Ihm wurde nachgesagt, daß er Persönlichkeitsentwicklung nicht als Dressur mißverstehe, und entsprechend skeptisch reagierte Rückle auf die väterliche Zielvorstellung vom Erfinder-Sohn. „Schon in den ersten Gesprächen mit Klaus Fischer", erinnert sich der Berater, „wurde mir klar, daß er nicht der Tüftler ist, sondern ganz andere Begabungen hat, zum Beispiel im strategischen Bereich und in der Beziehungsgestaltung." Horst Rückle gefiel, daß sich der junge Mann „nicht als künftiger Inhaber" in Szene setzte, sondern „mit sehr viel Zurückhaltung, aber auch Beharrlichkeit" agierte. Und als er eines Abends nach Hause fuhr, kam ihm ein Goethe-Vers in den Sinn: „Was du ererbt von deinen Vätern, erwirb es, um es zu besitzen." Klaus Fischer, so sein Eindruck, „wollte die Firma nicht zuvorderst verändern, sondern hat sich Zeit gelassen, Bewährtes abzusichern und darauf aufzubauen".

Das Unternehmen für eigene Entscheidungen „verfügbar" zu machen – dafür waren fünf Praktika und sieben Semester Studium nicht gerade ein sicheres Fundament. Klaus Fischer im Rückblick: „Am Anfang habe ich mich schon schwergetan, denn das Wissen, das ich hatte, war eigentlich Schulwissen und das, was ich in der eigenen Firma mitbekommen habe." Daß er bereits mit 24 im Familienbetrieb angetreten ist, mag die herausfordernde Frage des Vaters – „Willsch oder willsch net?" – gefördert haben und ein wenig auch die eigene Bodenständigkeit. Heute würde Klaus Fischer zwei Dinge anders machen: „Erst einmal für einige Zeit ins Ausland gehen und dann versuchen, in leitender Position ein oder zwei Jahre Erfahrung in einem anderen Unternehmen zu sammeln". Was ihm schon damals immer mal wieder als Defizit erschien, machte er allerdings durch frühes „Benchmarking" wieder wett: Er nahm jede Gelegenheit wahr, um sich in anderen Firmen umzusehen und die gewonnenen Erkenntnisse – ob in Sachen Fertigungstechnik oder Vertriebswege, Organisation oder Arbeitsmethoden – mit der Situation im eigenen Betrieb zu vergleichen.

Erfinden und verkaufen

Überhaupt gewann das Umfeld an Bedeutung. Klaus Fischer war sich mit seinen Geschäftsführern einig, daß es in der Befestigungstechnik angesichts einer Vielzahl konkurrierender Anbieter mehr denn je darauf ankommen würde, bedarfsgerecht zu entwickeln. „Durch verstärkte Beobachtungen und Analysen in den vergangenen Jahren kennen wir unsere Märkte und unsere eigenen Marktposi-

Produkt-Philosophie: Der Erfinder und der Marktstratege diskutieren den neuen Zykon-Bohrer.

tionen – natürlich auch die des Wettbewerbs – besser denn je.“ Und diesen veränderten Strukturen, verlangte der Sohn vom Vater, „müssen wir unsere neuen Produkte anpassen“. Der Senior indes blieb anderer Ansicht. „Hier wird erfunden“, erklärte er im Forschungszentrum, „und die Aufgabe der fischerwerke ist es, zu verkaufen.“

Entwicklungsleiter Eugen Jung fand sich bald zwischen den Fronten wieder. Er neigte zwar dem Marketingansatz des Jüngeren zu, fand bei seinem direkten Vorgesetzten aber nicht ausreichend Gehör: „Es ist besser“, sagte er deshalb zum Junior, „wenn Sie das direkt mit Ihrem Vater ausdiskutieren.“ Die Begeisterung, mit der Dr. Fischer neue Produktideen verfocht, implizierte die Forderung nach Loyalität – bei seinem Entwicklungsleiter und den anderen Beschäftigten. Dem setzten nicht viele etwas entgegen: Als Patentingenieur Jung die Produktbeanstandungen einiger Mitarbeiter an den „Fifo“-Chef weitergab und dieser daraufhin wissen wollte, warum die Kritiker nicht direkt zu ihm gekommen seien, bekannte er: „Es gehört eine Menge Zivilcourage dazu, Ihnen zu widersprechen.“

Die Auseinandersetzungen um „verkaufsfähige Produkte“ nahmen an Zahl und Heftigkeit zu. Anfangs ging es um die Sicherheit von Nageldübeln – Artur Fischer: „Bei uns wird geschraubt, nicht genagelt“ – später um das Prinzip der Einschlaganker. Zum Dauerbrenner geriet das Zykon-System, eine neuartige Verankerung im zylindrisch-konischen Bohrloch, die ab 1982 auf den Markt kam und in den Folgejahren eine Reihe von Verbesserungen und Ergänzungen erfuhr. Während der Erfinder bei vielen Detailarbeiten davon überzeugt war, bereits die optimale Version kreiert zu haben, bemängelten die Vertriebsleute immer wieder, daß es in der Praxis Probleme gebe, mal beim Schwenken des Bohrers im Beton, mal bei der Handhabung des Einschlaggerätes. „Da draußen wird eben nicht unter Versuchsbedingungen gearbeitet“, befand Sohn Klaus in einer Sitzung zum Thema Zykon, zu der sich die Geschäftsführung komplett im Forschungszentrum versammelt hatte – und die der Vater irgendwann wortlos verließ. Als die

Herren den Senior suchten, fanden sie ihn im Prüffeld; dorthin hatte er sich zurückgezogen, weil er die Diskussion leid war.

Ende der Achtziger spitzten sich die Auseinandersetzungen zwischen Artur Fischer und Eugen Jung zu. Entspannung brachte erst das Angebot von Sohn Klaus, den Patent- und den Entwicklungsbereich voneinander zu trennen, was aus Gründen des Arbeitsaufkommens ohnehin geboten war. So zog der bisherige Konstruktionsleiter Wilfried Weber als Geschäftsführer ins Forschungszentrum ein, während Eugen Jung die Leitung der neuen Gesellschaft für Patente und Lizenzen übernahm und damit „aus der Schußlinie" war. „Danach", sagt Eugen Jung über sein Verhältnis zu Artur Fischer, „haben wir uns wieder bestens verstanden."

Rückzugsgefechte

„Du wirst noch dein blaues Wunder erleben", prophezeite der Vater seinem Sohn, wenn dieser Mitarbeiter mit weitreichenden Befugnissen ausstattete. Der Senior, der vom Redigieren eines fischertechnik-Katalogs bis zur Bestellung neuer Netstal-Automaten noch vieles eigenhändig erledigt hatte, konnte den jugendlichen Hang zum Delegieren nicht recht verstehen. „Du vertraust viel zu sehr den Leuten!" Was es damit auf sich hatte, erklärte Klaus Fischer Jahre später in einem Interview: „Ich führe eben auf meine Art. Mit Menschen reden, mit Menschen umgehen, ihnen die Möglichkeit geben, sich zu motivieren – das ist mir wichtig."

Weil der Sohn das Unternehmen ganz anders führte, als Vater Artur sich das vorstellte, waren Konflikte nicht eben selten. Der Senior hatte die Übergabe von langer Hand vorbereitet und sich zurückgezogen mit der festen Überzeugung, daß das der richtige Weg sei. „Nur war er halt der Meinung", so Klaus Fischer, „daß ich ihn mehr brauche und daß er mehr gefragt wird". Statt dessen „hat er ziemlich schnell gemerkt, daß ich meinen eigenen Weg gehe".

In all den Wortwechseln zwischen Vater und Sohn, erinnert sich Peter Spang, „ist der Junior anfangs oft hochgegangen". „Zu Hause", so seine Frau Sabine, „hat er manches erzählt, aber auch vieles mit sich selbst abgemacht". Daß ihn die Kontroversen mit dem Vater „kurzfristig demotivierten", kam eher selten vor, zwei-, dreimal spielte Klaus Fischer allerdings mit dem Gedanken, „den Bettel hinzuschmeißen" und sich nach einem Führungsjob an anderer Stelle umzusehen. Erst die Jahre brachten – auf beiden Seiten – mehr Gelassenheit. Längst versteht der Sohn, wie schwer es für den Vater war, sich von dem, was er aufgebaut hatte, zu lösen. „Wenn man plötzlich nicht mehr so viel zu sagen hat, wenn die Leute vor wichtigen Entscheidungen erklären: Da müssen wir erst mal Ihren Sohn fragen – das ist schon hart."

Elternstolz: Klaus und Sabine Fischer mit den Söhnen Frank und Jörg (unten)

Der Vertrag von Zermatt

Daß Artur Fischer der Abschied von alten Gewohnheiten nicht leicht fiel, machte sich auch während eines Urlaubs in Zermatt bemerkbar. Als er dort einem Bosch-Direktor begegnete und mit dem freundlichen Herrn über die Lieferung von Bohrern ins Gespräch kam, dachte er sich nichts Schlimmes dabei, als er zu guter Letzt das Verhandlungsergebnis mit einem Vertrag und seiner Unterschrift besiegelte. Hatte er doch, der großen Menge wegen, günstige Konditionen erzielt! Die Freude darüber blieb allerdings von kurzer Dauer, denn Einkaufsleiter Erhart Kaiser, dem er das Schriftstück hatte zukommen lassen, überraschte Sohn Klaus in einem Gespräch über zu hohe Warenbestände mit der Hiobsbotschaft, daß diese nun noch durch eine erkleckliche Anzahl von Bosch-Bohrern aufgestockt werden sollten. Über die nachfolgende familieninterne Kompetenzabstimmung liegen keine gesicherten Erkenntnisse vor, sie soll jedoch den Seniorchef nicht erheitert haben. Erhart Kaiser jedenfalls achtete bei einer wenig später veranstalteten Treibjagd darauf, „daß zwischen Artur Fischer und mir eine dicke Tanne stand“.

Konfliktträchtig blieb – bis Mitte der 90er Jahre, als letztmals ein Verkauf zur Diskussion stand – das Thema fischertechnik. Während Vater Artur im wirtschaftlichen Erfolg nicht das allein seligmachende Kriterium sah – „Hauptsache, die Kinder haben ihre Freude daran!“ –, ließ Klaus Fischer schon im Frühjahr 1980 erkennen, daß er dem Geschäft mit den Baukästen keine allzu großen Chancen gab. Bei einer Pressekonferenz

Wirtschafts-Gespräch: Minister Rudolf Eberle (rechts) interessiert sich für die Tumlinger Erfolgsprodukte.

auf der Nürnberger Spielwarenmesse verwies er vor 120 Journalisten auf vergangene und bevorstehende Geburtenrückgänge und auf die wachsende Zahl ausländischer Anbieter. „Wenn in den nächsten Jahren, zusätzlich zu steigenden Rohstoffpreisen, die Lohn- und Gehaltsentwicklung in Deutschland so anhält, werden es nicht nur wir, sondern die ganze Spielzeugindustrie mit Produkten aus den Billiglohnländern zu tun bekommen, und zwar in einem solchen Ausmaß, daß viele mittelständische Betriebe aufgeben müssen, ob sie wollen oder nicht.“ Wenige Wochen darauf ergänzte er im eigenen Haus bei einer Betriebsversammlung: „Ein weiterer Punkt, warum wir keine Steigerung mehr erwarten können, ist die Tatsache, daß viele Haushalte schon fischertechnik besitzen. Durch die sehr hohe Qualität unseres Produkts wechselt fischertechnik innerhalb der Familie von einem Kind zum anderen, ohne ersetzt werden zu müssen.“

Das Risiko suchte der neue Firmenchef durch Aktivitäten auf anderen Gebieten zu verringern. „Diversifizierung" hieß das Zauberwort, und da ließ Klaus Fischer sogar außer acht, was bis dato als ehernes Gesetz galt: „Bei uns wird nur produziert, was bei uns erfunden wurde." Technische Spritzgußteile, die man im Kundenauftrag herstellte, machten den Anfang, und ab Dezember 1981 verließ die Tumlinger Kunststoffverarbeitung sogar, erstmals in der Firmengeschichte, ein Lizenzprodukt.

Die Box des Eidgenossen

Es war ursprünglich eine Idee des Eidgenossen Peter Ackeret. Er hatte sie patentieren lassen und auf dem Markt angeboten – mit unerwartet großer Resonanz. Am 17. Oktober 1981 sucht er im deutschen Techniker-Fachblatt VDI-Nachrichten nach einem „gut eingerichteten mittelgroßen Spritzgußwerk". Trotz einer Vielzahl von Interessenten, die sich auf das Inserat hin melden, bekommen die fischerwerke den Zuschlag. Entscheidend sind das gute Image des Unternehmens, die Präzision von fischertechnik, das nachgewiesene Know-how auf dem Entwicklungssektor und nicht zuletzt eine gehörige Portion Flexibilität. Denn den Schweizern brennt das Problem unter den Nägeln: Nach der BASF, von der die CBOX bereits im Heimbereich vertrieben wird, interessiert sich jetzt auch die Automobilindustrie für das leicht zu bedienende Musikarchiv.

Zeitraubende Marktuntersuchungen kommen also für die Tumlinger nicht in Frage. Deshalb gibt es im Führungskreis durchaus skeptische Stimmen, und der Seniorchef erteilt seinen „Segen“ erst nach langem Zögern. Per Handschlag wird dann aber doch mit Peter Ackeret eine weitreichende Vereinbarung geschlossen, die den fischerwerken die weltweiten Nutzungsrechte für Herstellung und Vertrieb der CBOX sichert. Der schriftliche Vertrag wird Tage später nachgereicht.

Schubladen-Denken: Aus der Schweizer Cassettenbox-Idee entwickelte man bei Fischer ein vielfältiges Aufbewahrungssystem.

Bei den Bayern am Band

Die Produktion startet mit neuen Werkzeugen. Verpackungen, Preislisten und Prospekte sind zu gestalten. Ackerets CBOX-Kunden „drohen“ mit Aufträgen. Manches wird nur telefonisch erledigt, Organisationsrichtlinien bleiben unberücksichtigt. „Es war alles möglich“, entsinnt sich der damalige Abteilungsleiter Fritz Claussen, „einfach weil jeder betroffene Mitarbeiter begriffen hat, um was es ging: die Einführung eines neuen Standbeins für Fischer.“ Dübel- und fischertechnik-Außendienst, Auslandsgesellschaften und Importeure beteiligen sich an der Markteinführung und demonstrieren die Synergie-Möglichkeiten eines international tätigen Unternehmens. Allerdings wird auch schnell klar, daß sich die CBOX-Absatzwege von denen für Befestigungstechnik und Spielzeug doch erheblich unterscheiden. So baut Claussen eigene Vertriebsorganisationen für den Autozubehörhandel und den Bereich Unterhaltungselektronik auf. Höchste Aufmerksamkeit gilt von Anfang an der Automobilindustrie. Schon von der Schweiz aus gut vorbereitet, gelingt der „Einstieg“ bei BMW ohne Komplikationen. Und als man dort am Band ist, macht der CBOX-Einbau Schule: Nacheinander erkennen Ford, Opel, VW, Audi, Daimler-Benz und Porsche den Nutzen des neuen Produkts. Jenseits des Atlantiks kommen die Tumlinger schon 1983 mit den Giganten GM, Chrysler und Ford ins Geschäft. Inzwischen gehören Cassetten- und CD-Boxen von Fischer, ebenso wie die Abspielgeräte, millionenfach zur automobilen Grundausstattung. Tumlinger Erfindungsreichtum gilt auch für den Geschäftsbereich Automobilsysteme, wie sich die Produktsparte jetzt nennt: Aus dem Hersteller der klassischen Cassettenbox wurde ein gefragter Produzent von Aschern und Ablageschalen, Brillenboxen und Cupholdern, Kartenhaltern und kombinierbaren Modulen für den Fahrzeuginnenraum. Komplette Mittel- und Bodenkonsolen stellte man 1997 bei der IAA in Frankfurt vor, und an neuen Komponenten für Busse und Lkw arbeitet die Konstruktionsabteilung.

Klaus Fischers „Abenteuer“ hat sich zum Welterfolg gemausert. Das dritte Standbein rangiert längst auf Platz zwei.

Bewährte Schuhschachteln

So gut ging's nicht immer. Als Klaus und Artur Fischer am 20. Dezember 1982, kurz nach 11 Uhr, ein zweites Vertragswerk mit Peter Ackeret unterzeichneten, wurde das erneut als „denkwürdiger Tag in der Firmengeschichte“ und Start einer weiteren Produktlinie gefeiert. Gegenstand des Kontrakts war wieder ein Archivsystem – die sogenannte Photasette. Daß damals schon jährlich eine Milliarde Filme verknipst wurden und „das Bildermachen eine unglaubliche Flut an Fotos in die Wohnungen geschwemmt hat“, nährte die Hoffnung, daß Schuhschachteln und Alben bald massenweise durch die Kunststoffgehäuse mit Schublade und Sichtfenster abgelöst würden. Nach Jahresfrist freilich häuften sich die Bedenken: „Sagen Sie mal, wird denn noch was aus der Photasette?“ fragten Kollegen, und Spartenleiter Jürgen Böck sprach dann von einem „Pflänzchen, das Zeit braucht zu wachsen“. Den hohen Anfangskosten für Entwicklung und Werkzeuge, Spritzgußmaschinen und Montageautomaten standen dürftige Verkaufserfolge gegenüber. Das Marketingkonzept war darauf abgestimmt, die Bilderaufbewahrung nicht über das Regal des Fotohändlers zu verkaufen, sondern dem Kunden die Abzüge aus dem Labor bereits in einer Photasette zu übergeben. Der Weg erwies sich jedoch als Sackgasse. Für Klaus Fischer eine bittere Erfahrung – freilich auch die beruhigende Erkenntnis, am Ende richtig entschieden zu haben: „Mein Vater hat mir den Vorwurf gemacht, daß wir da Geld verloren haben, und das stimmt. Aber wir haben auch den Mut gehabt zu sagen: Komm, das funktioniert nicht, das geben wir wieder auf.“

Noch einmal erwies sich ein Zukauf als schwieriger Fall. Als die Schwarzwälder 1992 das Sortiment einer Firma aus dem bayerischen Geretsried übernahmen und das 19teilige Programm aus Haken, Bügeln und Trägern unter der Marke fischersystem auf den Markt brachten, erhofften sie sich eine „Sogwirkung“ der Dübel. Die blieb in diesem Fall allerdings aus. Während die Fachpresse freundlich reagierte und damit – theoretisch zumindest – Ordnungssinn bewies, überwog bei den Verbrauchern die Sparsamkeit: Um in Garage und Keller „klar Schiff“ zu machen, war den meisten ein Samstagnachmittag Opfer genug.

Philosophie für alle

Daß aber neue Sortimente vom hohen Bekanntheitsgrad und innovativen Image der Marke fischer profitieren, zeigt eine Reihe von Produkteinführungen aus jüngerer Zeit: Chemische Produkte wie PU-Schäume und Dichtstoffe erwiesen sich unter dem Warenzeichen mit dem Fisch als ebenso zugkräftig wie Kabelbefestigungen für Elektriker oder das Montagetechnik-Programm im Sanitärbereich.

Produkte zu verkaufen, die nicht aus der eigenen „Ideenfabrik" stammen, ist in Tumlingen längst selbstverständlich und damit Teil des Wandels, der sich unter Klaus Fischer vollzogen hat. Unter dem Vater waren die Erfindungen und der Erfinder die „zentralen Ereignisse". Klaus Fischer hingegen setzte die Firma dem Markt und damit ständigen Veränderungen aus. Er öffnete sie für neue Organisationsformen und Arbeitsmethoden, für aktuelle Entwicklungen – mitunter auch modische Trends – im Management. Wertanalyse und Prozeßorientierung, Lernstatt und Continuous Improvement Process, Kreativkurse und Unternehmensplanspiele für die Auszubildenden, Gruppenarbeit und teilautonome Planungsinseln in der Produktion, ein Entlohnungssystem, das sich auf das Firmenleitbild stützt – die Liste der Neuerungen, die er initiiert hat, ist lang.

Für alle Beschäftigten nachzulesen waren die neuen Koordinaten ab September 1988 in einer achtseitigen Broschüre. Dort legten zehn Leitsätze unter anderem fest, daß das Unternehmen „auch von Dritten entwickelte Produkte oder Handelsware" unter der Marke fischer vertreibt und bei der inneren Führung „von der Wertschätzung der Mitarbeiter als eigenständige Persönlichkeiten“ ausgeht. Das Leitbild, hieß es im Vorwort, bestimme „die strategische Ausrichtung und operative Steuerung“, sei aber auch „Handlungsmaßstab für den einzelnen“. Seine Aussagen sollten „in ihrem Kern unverrückbar sein“ und zugleich „entsprechend dem jeweiligen Zeitgeist“ gelebt werden.

Innovativ in der Gärtnerei

Tatsächlich wurden die beschriebenen Wertvorstellungen bald zu „Leitplanken“, die allgegenwärtig bei Gruppengesprächen und Vertriebstagungen, Bereichsleitersitzungen und Azubi-Seminaren die „Fahrbahn“ markierten. Manchem dienten sie zwar zuvorderst als Spiegel für die Sünden der anderen, „aber wenn ein Mitarbeiter seinem Meister vorhält, daß dessen Wutausbruch nicht leitbildgerecht ist, zeigt das doch, daß er die Inhalte begriffen hat“, konstatierte Personalentwickler Uwe Misselbeck, wenn Zweifel an der rechten Anwendung aufkamen.

Bevor im Sommer 1995 eine aktualisierte Fassung erschien, war diese in der Mitarbeiter-Zeitung zur Diskussion gestellt worden. Die Unternehmenswerte hatte man nun in drei zentralen Begriffen – innovativ, eigenverantwortlich und seriös – zusammengefaßt. Im Herbst diskutierten die Beschäftigten in jeder einzelnen Abteilung die Umsetzung: Welche Anforderungen ergeben sich im Umgang untereinander, welche gegenüber den Auslandsgesellschaften? Was heißt „innovativ sein“ in der Gärtnerei oder im Werkzeugbau, was bedeutet „eigenverantwortlich“ im Rechnungswesen oder in der Werbung, wie arbeitet man „seriös“ an der Spritzgußmaschine oder am Herd der Betriebsküche?

Schon acht Jahre zuvor hatte die Geschäftsführung mit einer Standortbestimmung begonnen. Ausgangspunkt war es, Ziele und Aufgaben für die Produktsparten zu definieren – und daraus ergab sich die Frage nach einer Philosophie. War es zuvor allein die Ethik von Artur Fischer gewesen, mit der dieser die Wertvorstellungen und das Verhalten der Mitarbeiter beeinflußt hatte, so sollte diese Aufgabe nun „eine Art Verfassung“ übernehmen. „Da haben wir im Lauf der Jahre was entwickelt“, erinnert sich Klaus Fischer, „und dann hat uns Horst Rückle aufgezeigt, daß wir das eigentlich gar nicht sind.“

Die Führungsriege hatte sich mit ihren Ansprüchen zu weit von dem entfernt, was Artur Fischer verkörpert und auf diese Weise als Firmenkultur hinterlassen hatte. So begann man mit dem Böblinger Berater erneut, die Unternehmenswerte zu diskutieren und schließlich zum internen „Grundgesetz“ zusammenzufassen. Gänzlich neu war darin das Thema Eigenverantwortung, dem Klaus Fischer eine herausragende Bedeutung beimaß. Auch wurde der Anspruch des Innovativen nicht mehr aufs Produkt beschränkt, sondern galt ausdrücklich für

Durch die „Zukunftsbrille": Ausblick auf neue Kommunikationstechniken

„alle Bereiche des Unternehmens". Dagegen fand sich die väterliche Vorstellung vom seriösen Geschäftsgebaren im neuen Leitbild nahezu unverändert wieder. Inzwischen war allen Beteiligten bewußt geworden, daß eine Firmenkultur nicht aufgepfropft werden kann, sondern beständig wachsen muß. „Vieles war bereits da", sagt Klaus Fischer. „Man braucht nur an das Grüßen zu denken und manches mehr, das uns schon immer von anderen Unternehmen unterschieden hat. Ich hab' das fortgesetzt, nur eben in eine andere Richtung."

Die Kurskorrektur schilderte Klaus Fischer am 14. Oktober 1992 bei einem Vortrag in Budapest recht anschaulich. „Nach wie vor", erklärte er Studenten der Technischen Universität, „sind gute Produktideen und deren qualifizierte Umsetzung in Produktion und Vertrieb Voraussetzungen unternehmerischen Erfolgs." Aber Märkte und Betriebsstrukturen, auch die Einstellungen und Erwartungen der Mitarbeiter hätten sich gewandelt. Innovatives Denken sei mit Blick auf das ganze Unternehmen gefragt: „Neben optimalen Produkten geht es längst auch um Marktnähe, und Führung drückt sich, über alle Hierarchien hinweg, in Kooperation aus." Die Führungskraft als Patriarch habe ausgedient, sie sei vielmehr darauf angewiesen, „Einsatz und Kreativität aller Mitarbeiter zu nutzen und entsprechend zu fördern". Der Erfolg eines Unternehmens, so seine Überzeugung, „ist unauflösbar verbunden mit dem Erfolg seiner Mitarbeiter".

„Ein hartes Stück Arbeit"

Als ein Dreivierteljahr später der Wirtschaftsjournalist Horst Biallo für sein Buch „Die geheimen deutschen Weltmeister" recherchiert, sitzt er am Vormittag des 7. Juli 1993, kurz nach halb zehn, auch Klaus Fischer gegenüber, um dessen „Erfolgsgeheimnis" zu erkunden. Seinen 42jährigen Gesprächspartner empfindet Biallo, wie er später schreibt, als „erfrischend spontanen, lebendigen Menschen", der „begeisterungsfähig, mitreißend, neuen Ideen gegenüber aufgeschlossen" sei. „Er kann gut zuhören, hört sich andererseits auch gerne selber reden, hat ein ausgeprägtes Gespür entwickelt, die richtigen Mitstreiter ins Boot zu holen.“ Zur Spontaneität komme eine „sehr präzise, systematische Art“, und das ergänze sich bestens. „Er überläßt wenig dem Zufall, plant, organisiert, läßt machen, räumt anderen Freiräume ein.“

Klaus Fischer faßt in diesem Interview seine Neuorientierung noch einmal zusammen: „Ich bin nicht der geniale Tüftler wie mein Vater. Ich sehe meine Rolle anders. Ich wollte auch nie in die Fußstapfen meines Vaters treten. Stellen Sie sich einmal bildlich vor, was das bedeuten würde! Ich kann doch nicht ständig hinter einem Menschen herlaufen. Ich will eigene, neue Wege gehen.“

Mit Erfolg, wie ihm Horst Biallo attestierte: „Der heutige Boß ist längst aus dem langen Schatten des Vaters herausgetreten.“ Und das sei „ein hartes Stück Arbeit“ gewesen.

Lehrreich: Klaus Fischer begutachtet Werkstücke von Auszubildenden.

Das Milliardending

Heiratsannonce im Herbst

„Auf dem Dübelmarkt kommt es zu neuen Konzentrationen“, meldete am 8. September 1992 der Wirtschaftsteil der Hamburger „Welt“. Die „Stuttgarter Zeitung“ berichtete, daß es den beiden Unternehmen um ihre „internationale Marktposition“ gehe, und die „Badische Zeitung“ in Freiburg staunte erst einmal über die „sensationelle Mitteilung“. Der Sachverhalt laut „Handelsblatt“: „Die fischerwerke Artur Fischer GmbH & Co. KG, Tumlingen, wird sämtliche Anteile des Konkurrenten Upat GmbH & Co., Emmendingen, zum Jahresbeginn 1993 übernehmen.“

Daß ausgerechnet die härtesten Widersacher auf dem deutschen Befestigungsmarkt eine Verbindung eingehen würden, kam für Geschäftspartner und Wettbewerb höchst überraschend. Denn die Gegnerschaft der beiden Firmen reichte immerhin schon dreieinhalb Jahrzehnte zurück: 1956 war Artur Fischer von Branchenkennern vor den „großen, eingeführten Marken“ und damit vor allem vor Upat gewarnt worden. Als dann aber Eduard Kettner, damals einziger Fischer-Außendienstler, im Herbst 1958 erstmals 10000 S-Dübel innerhalb einer Woche absetzte, legte dieser „Sieg“ über die südbadische Konkurrenz den Grundstock für eine dauerhafte Rivalität.

Upat-Gründer Max Langensiepen hatte bereits 1929 den sogenannten Normdübel – eine Blechhülse mit Hanffüllung – erfunden und dessen industrielle Fertigung begonnen. Nach der steilen Karriere von Artur Fischers Nylonprodukten verlegten sich die Emmendinger mehr auf den

Bereich der Schwerlastbefestigungen. Ihre Stahl- und Verbundanker beherrschten lange Zeit den deutschen Markt, aber auch auf diesem Sektor erwuchs aus dem erfindungsreichen Tumlingen allmählich eine ernsthafte Konkurrenz.

Angeregt: Vater und Sohn beim Plausch über Zukunftspläne

Als die Geschäftsführenden Gesellschafter in einer gemeinsamen Presseerklärung die „Wunschehe“ ihrer Unternehmen annoncierten, war selbst die Mehrzahl der Mitarbeiter nur einen Tag zuvor informiert worden. Der große Coup sollte nicht durch frühzeitige Indiskretionen gefährdet werden. Initiator Klaus Fischer konnte erst am 3. September endgültig aufatmen, als die Verträge unterzeichnet wurden. Damit stand fest: Die beiden größten deutschen Dübelhersteller waren vereint, die neue Firmengruppe würde 2300 Menschen beschäftigen und den Fischer-Umsatz von 330 auf fast 470 Millionen Mark hochschnellen lassen. Unternehmer Klaus Fischer hatte sein Meisterstück abgeliefert.

„Der rechte Augenblick"

Auch in der alemannischen Fasnet starten die Narren am 11. 11. in die neue Saison. Der Fahrer des schwarzen Mercedes 600, der im November 1991 auf der Bundesstraße 28 in Richtung Rheinebene unterwegs ist, hat allerdings nichts Närrisches im Sinn – obwohl sein Vater später sagt: „Ich hätte das nicht getan." Kurz vor 10 Uhr parkt Klaus Fischer den Wagen in der Offenburger Okenstraße und geht zum Hotel „Palmengarten" hinüber. Das Wetter ist untypisch für diesen Monat, die nahegelegene Stadtkirche erstrahlt in der Herbstsonne.

In einem kleinen Nebenzimmer des Restaurants wartet bereits ein Gast, der über die A 5 aus Richtung Freiburg angereist ist. Der dunkelblonde, hochgewachsene Mann mit dem kleinen Schnauzbart ist Geschäftsführender Gesellschafter der Firma Upat. Er erhebt sich, als der Mann aus Tumlingen den Raum betritt. „Freut mich sehr", sagt Dieter Bertelsmann, und es klingt nicht nach einer Floskel.

Daß Klaus Fischer ihn einfach angerufen und ein Treffen vorgeschlagen hat, „damit wir uns einmal näher kennenlernen", findet er bemerkenswert. Zwar sind sich die beiden schon bei Verbandstagungen und auf Messen begegnet, haben bisweilen auch miteinander gesprochen, aber mehr als ein kurzer Meinungsaustausch war das nie. Jetzt ordern sie schwarzen Tee und plaudern erst einmal über Sport und Familie und über ihre große Liebe zu Hunden. Fischer erzählt von Jagdhündin „Nelli", Bertelsmann von seinem griechischen Findling „Chairos“. Und dieser Name bedeutet soviel wie „Der rechte Augenblick“.

Erstaunlich sympathisch

Je länger sich die beiden an diesem Montag vormittag unterhalten, um so mehr tritt die geschäftliche Gegnerschaft in den Hintergrund. „Erstaunlich sympathisch!“ denkt der Upat-Chef, als der elf Jahre jüngere Konkurrent seine Ansichten zu Standort und Markt, Preisdruck und Ertragslage äußert. Und Klaus Fischer geht es mit seinem Gegenüber nicht anders.

Bertelsmann, 52, hat nichts von der steifen Zurückhaltung manches Managementkollegen. Heute ist er elegant gekleidet, im Büro freilich hängt er die Krawatte meist in den Schrank. Er wirkt lässig, aber konzentriert, gilt als sensibel und zielgerichtet zugleich. Der Diplomvolkswirt ist mit 26 Jahren anstelle seines verstorbenen Vaters in die Geschäftsführung eingetreten und seit 1972, nach dem Tod des Mitgesellschafters Wolf von Wolff, deren Vorsitzender. Er hat den Betrieb an der Freiburger Straße in Emmendingen mehrfach erweitert und Produktion und Vertrieb auf professionelle Befestigungstechnik für das Handwerk ausgerichtet. 1989 gründete er in Holland die erste ausländische Niederlassung, im Jahr darauf kaufte er die Hardo Befestigungen GmbH im sauerländischen Arnsberg. Der Firmenverbund umfaßt jetzt 550 Beschäftigte und macht fast 140 Millionen Mark Jahresumsatz.

Der Seufzer des Rivalen

Die Rivalen tauschen sich intensiver aus, als jeder von ihnen das erwartet hätte. Bertelsmann lobt später das „hohe Maß an Verstehen, an spontaner Offenheit und Freundschaftlichkeit".

Unverblümt sprechen die Mittelständler über ihre Zukunftsängste. Während sie selbst brav zum Handel halten, also ihre Produkte über dessen Ladentisch verkaufen lassen, machen sich beim Endabnehmer Handwerk immer mehr die Direktvertreiber breit. Und mit dem EG-Binnenmarkt droht weiterer Verdruß. Dieter Bertelsmann runzelt die Stirn: „Die europäischen Sicherheitsanforderungen werden erheblich unter dem deutschen Niveau liegen. Das ist so sicher wie das Amen in der Kirche. Und das verschafft Billiganbietern aus Fernost ungeheure Vorteile." Zusätzliche Konkurrenz aus Ländern mit günstigerer Kostenstruktur, der Kampf um Marktanteile, Investitionen in neue Produkte und in die Ostmärkte – der verschärfte Wettbewerb, folgert Klaus Fischer, setzt neue Umsatzgrößen voraus. Firmen wie Hilti, Würth oder Spit machen es vor. Fischers Befürchtung „Da können wir mit unseren paar Millionen irgendwann nicht mehr mithalten" quittiert der Emmendinger mit einem tiefen Seufzer: „Was sollen wir da erst sagen?"

Die Konsequenz ist schnell formuliert: „Man müßte strategische Allianzen oder Beteiligungen eingehen", sagt Fischer und wird wenig später konkret: „Wir sollten mal darüber nachdenken, ob wir nicht zusammen etwas bewegen können." Gemeinsame Aktivitäten der vormals erbitterten

Gegner? Wäre das ein Thema in Emmendingen? Als sich die beiden Unternehmer nach zweieinhalb Stunden voneinander verabschieden, sind sie sich einig: „Wir werden das ernsthaft prüfen."

Neue Landschaften

Noch am Nachmittag des 11. November unterrichtet Dieter Bertelsmann seine Mitgesellschafter, knapp zwei Wochen später signalisiert er in einem Telefongespräch mit Klaus Fischer die Bereitschaft zu verhandeln. Dessen Besuch im Haus des Upat-Chefs am 8. Januar ist Auftakt für eine Reihe „konspirativer" Treffen.

Intern werden in den beiden Firmen allerlei Szenarien diskutiert, um zu einer Entscheidung zu gelangen. Das Fehlen präziser Marktdaten läßt anfangs noch vermuten, daß es allzu viele Überschneidungen bei Kunden und Produkten geben könnte. Von „70 Prozent deckungsgleicher Problemlösungen in der Befestigungstechnik" gehen die Strategen ursprünglich aus.

Der genaue Vergleich jedoch macht unterschiedliche Schwerpunkte deutlich: Fischer ist stark in der Kunststofftechnologie und auf dem Heimwerkersektor, Upat im Schwerlastbereich. „Die Mauer der Blindheit, die der Wettbewerb aufgebaut hat, ist weg", formuliert Bertelsmann blumig. „Landschaften werden sichtbar, die wir vorher nicht gesehen haben."

Die neue Partnerschaft rückt in greifbare Nähe. Fischer-Berater Horst Rückle warnt allerdings davor, die Gespräche auf den Gesellschafterkreis zu beschränken: „Wenn die Führung bei Upat nicht 'dabei' ist, geht das Ganze schief." Klaus Fischer zögert nicht lange und bittet Geschäftsführer und Bereichsleiter beider Unternehmen im Juni 92 nach Ofterschwang, ein 400-Seelen-Dorf oberhalb von Sonthofen. In der Allgäuer Nobelherberge „Sonnenalp", seit langem Tagungsort der Tumlinger, kommen sich Fischer- und Upat-Manager näher. Dort tauchen sie ins Allwetterbad ein, treffen sich abends zum gemeinsamen Kegeln und genießen in der „Taverne" französischen Burgunder.

Vor allem aber erörtern sie mit Dr. Kilian Fuchs, einem Stuttgarter Unternehmensberater, noch einmal die Konsequenzen der Zusammenführung. Die Vorteile liegen auf der Hand: Das Umsatzpotential von knapp einer halben Milliarde Mark schafft in Forschung und Entwicklung neue Möglichkeiten, hilft beim Ausschöpfen bestehender und beim Erschließen zusätzlicher Märkte. Die Aufgabenteilung in Entwicklung und Produktion verspricht eine Vielzahl von Synergien. Und die vereinte Innovationskraft macht es wahrscheinlich, daß man in Sachen Befestigungstechnik auch künftig die erste Adresse bleiben wird.

Mag mancher Emmendinger Skeptiker geargwöhnt haben, daß der Kleinere den kürzeren ziehen könnte – in Ofterschwang werden die letzten Zweifel zerstreut. Am Ende steht fest: „Wir arbeiten nach wie vor mit beiden Marken und, in Deutschland zumindest, mit zwei Vertriebsorganisationen." Die Marken Upat und fischer haben bei Handel und Handwerk ein gleichermaßen gutes, wenngleich unterschiedliches Image. Klaus Fischer will deshalb „den Verbraucher wählen lassen". Viele Abnehmer, weiß er, bevorzugen das eine oder andere Warenzeichen. „Es wäre ziemlich dumm, die Kunden gegen ihre Gewohnheit zu einer neuen Marke zu drängen – den Nutzen hätte bloß unsere Konkurrenz."

Zudem sieht der künftige Gesamtvorsitzende im Wettbewerb der Marken einen psychologischen Vorzug: „Das trägt dazu bei, daß wir uns nicht lässig zurücklehnen und einfach auf die neue Größe vertrauen, sondern daß wir mit unseren Produkten, mit unserem Service, mit unserem Preis-Leistungs-Verhältnis immer noch besser werden."

Es war nur der Anfang

In all den Monaten fieberte Klaus Fischer dem Kaufabschluß ungeduldig entgegen: Einmal abgeschlossen, würde diese Akquisition ein „milestone" in seiner Unternehmer-Laufbahn sein. Vor dem Hintergrund jahrelanger väterlicher Zweifel stellte sich sogar ein Gefühl des Triumphes ein.

Seit 1980 hatte er bereits den Umsatz verdoppelt, eine zusätzliche Produktlinie eingeführt, Toch-

Betriebsrundgang: der Chef in der CBOX-Montage

tergesellschaften in Japan, USA, Dänemark, Belgien, Ungarn gegründet. Er hatte das Ererbte nicht nur bewahrt, sondern erfolgreich weiterentwickelt. Nun aber würde er den Familienbetrieb in eine neue Dimension führen: Die Unternehmensgruppe fischer – marktbeherrschend in Deutschland und europaweit die Nr. 1 der Dübel-Branche! Damit wäre für alle augenfällig, daß er dem vielgerühmten Aufbauwerk des Vaters eine eigene, nicht minder eindrucksvolle Leistung hinzugefügt hat.

Solche Momente der Genugtuung blieben rar. Und seltener noch sprach er darüber, mal mit seiner Frau Sabine, mal mit einem Jagdfreund. Denn eines hatte sich Klaus Fischer bald bewußt gemacht: Die Anteile zu überschreiben, würde erst der Anfang sein. Der Kauf allein war nichts, die große Aufgabe hieß Integration.

Es ging also nicht nur darum, die Führungsriege von Upat zu gewinnen. In der neuen Unternehmensgruppe sollte sich die gesamte Emmendinger Belegschaft „zu Hause“ fühlen. Und das konnte mit Siegern und Besiegten nicht funktionieren. Daß sich nach Bekanntwerden der Übernahme Fischer-Leute feixend auf die Schenkel klopfen würden und im Kontakt mit Upat-Kollegen hämische Bemerkungen verlieren könnten – dieser Gedanke entsprach weder Fischers Vorstellung von gegenseitiger Wertschätzung noch dem erklärten Ziel, aus „eins plus eins mehr als zwei“ zu machen.

Flieder im Schwarzwald

Die spätere Sprachregelung machte das deutlich. Im internen Schriftverkehr, in Kundeninformationen und Mitteilungen an die Medien war vom „Zusammengehen“ der Firmen die Rede. An „Jahrzehnte des Konkurrierens, aber auch des Respekts vor den Leistungen des anderen“ erinnerte Klaus Fischer in einem Brief an Geschäftsfreunde vom 7. September 1993. Und die Mitarbeiterversammlung, die er am selben Tag in Tumlingen einberufen hatte, schloß er mit einer „sehr ernst gemeinten Bitte an

Sie alle: Verstehen Sie die neuen Kollegen als Partner, mit denen wir gemeinsam am Markt noch vieles erreichen wollen". Das Zusammengehen zeuge zwar „von der Kraft unseres Unternehmens", aber „das sollte keinen von uns dazu verleiten, anderen mit weniger Respekt oder gar mit Überheblichkeit zu begegnen".

Die meisten Tumlinger mühten sich redlich. Fünf gemischte Teams für Forschung und Produktion, Datenverarbeitung, Rechnungswesen und Materialwirtschaft förderten nicht nur die angestrebten Synergien, sondern trugen auch – eigens von Horst Rückle trainiert – zum gegenseitigen Verständnis bei. Im Mai 1993 waren die Belegschaften zu Besuch und Gegenbesuch eingeladen, um auch auf diese Weise – nicht bloß räumlich – die Distanz zwischen den Standorten zu überwinden.

Wechselseitige Verwurzelung sollten danach zwei Mitbringsel symbolisieren: eine japanische Zierkirsche im badischen Boden und ein Fliederbusch im Schwarzwaldgrund. Betriebsräte beider Unternehmen sagten, daß man mit den Bäumchen ein Zeichen für das gemeinsame Wachsen und Gedeihen setzen wolle. Und daß die 200 Fischer-Mitarbeiter eine halbe Stunde zu früh in Emmendingen eintrafen, kommentierte ein Gast aus Tumlingen mehrdeutig: „Der Weg ist doch viel kürzer, als wir gedacht haben."

Weltuntergang in Baden?

Der Weg war weiter, als Klaus Fischer geglaubt hatte. Einige Emmendinger mochten kein Vertrauen fassen in den neuen Herrn – auch wenn er ausdrücklich erklärt hatte, daß kurzfristige Rationalisierungsvorteile im Sinne eines Stellenabbaus kein Thema seien. Vorangegangene Beispiele aus der Region Freiburg und der klassenkämpferische Argwohn der IG Metall ließen einen Großteil des Betriebsrats in Abwehrhaltung verharren. Diese Kollegen verbreiteten hartnäckig, daß der Verlust von Arbeitsplätzen nur eine Frage der Zeit sei.

Daß Arbeitnehmervertreter und Geschäftsleitung nicht auf Konfrontationskurs gehen, sondern ihre Interessen in offener Diskussion auf einen gemeinsamen Nenner bringen – das gehörte nicht zur Unternehmenskultur bei Upat. Auch die Vielzahl freiwilliger Sozialleistungen, die in Tumlingen gang und gäbe war, zählte nicht zum gewohnten Repertoire.

Hinzu kamen unerwartete Veränderungen: Ende 1993 zog Dieter Bertelsmann die Konsequenz aus einer zweifachen Kehlkopf-Operation und übergab den Geschäftsführungsvorsitz an den 37jährigen Tobias Krebs. Den diplomierten Wirtschaftsingenieur und Master of Business Administration umgab eine kühlere Aura als seinen empfindsamen Vorgänger, der seinen Rückzug ins Privatleben einmal mehr mit einer Metapher begründete: „Ich habe festgestellt, daß mein Handwerkszeug mein Mundwerk ist und daß ein sprachloser Geschäftsführer nicht sein darf. Das wäre wie ein Sänger ohne Stimme."

Vollends beunruhigend: Am 18. Januar 1994 ließen die fischerwerke wissen, daß man den Standort Arnsberg aufgeben und den Sitz der Hardo Befestigungen GmbH nach Emmendingen verlegen werde. Veraltete Anlagen, keine rentable Auslastung in einzelnen Produktionsbereichen wie Kaltumformung und Montage, hohe Fixkosten – das bedeutete für 58 Menschen im Sauerland die betriebsbedingte Kündigung.

Bei Upat in Emmendingen jedoch wurde außer im Management jahrelang kein Arbeitsplatz gestrichen. Statt dessen summierten sich die Investitionen auf mehr als 15 Millionen Mark. Zusätzliche Lehrstellen, neue Angebote in der Ausbildung, ein Firmenleitbild als Orientietungshilfe ...

Klaus Fischer hat ein gutes Gewissen und prophezeit: „Die Partnerschaft zwischen Fischer und Upat hat sich bewährt. Durch unsere gemeinsame Strategie im Geschäftsfeld Bautechnik, durch weltmarktfähige Produkte, durch die Erschließung von Wachstumsregionen und durch internationale Arbeitsteilung werden wir unserem Ziel, global erfolgreich zu sein, einen großen Schritt näherkommen."

Abenteuer China

Der Check-in am CAAC-Schalter in Shanghai zieht sich hin. Mit den Englischkenntnissen des Bodenpersonals steht es nicht zum besten, und die drei Deutschen haben ihren Dolmetscher schon im Hotel verabschiedet. Sie sind auf die Abendmaschine nach Peking gebucht, Startzeit: 20.40 Uhr. Doch die „Langnasen" werden, radebrechend, auf 22.00 Uhr vertröstet – und dürfen, zusammen mit den anderen Passagieren, erst kurz vor Mitternacht im Flugzeug Platz nehmen. Eine halbe Stunde dauert es noch, dann wird der Flug vollends storniert. „Bad weather", meldet der Kapitän.

Es ist nur ein Gefühl, das ihn beschleicht, aber in dieser Nacht vom 27. auf den 28. März 1985 schwant Klaus Fischer, daß China-Geschäfte mehr voraussetzen als gute Produkte. Seit zwei Tagen erkundet er mit seinem Marketing-Geschäftsführer Siegfried Straub und Dübel-Vertriebsleiter Dieter-Axel Gundlach die Stadt „am Meer", wie die Übersetzung der Schriftzeichen „Shang Hai" lautet. Aus der „gelben Gefahr" ist der „Markt von morgen" geworden, seit 13 Jahren unterhalten die Bundes- und die Volksrepublik diplomatische Beziehungen, 1979 hat die KP im Rahmen ihrer „neuen Wirtschaftspolitik" die „Öffnung nach Westen" beschlossen – und überhaupt läßt der jährliche Bevölkerungszuwachs von 13 Millionen Menschen auf respektable Absatzchancen hoffen.

Erste Gespräche in der Tonji-Universität, einer Import-Export-Gesellschaft und einer Schraubenfabrik haben die Schwaben hinter sich, jetzt sind sie auf dem Weg nach Peking zu einer Fachmesse für Baumaschinen und -materialien. Die Kisten mit „fischer fixings“, die auf Güterwaggons der Transsibirischen Eisenbahn 4000 Kilometer zurückgelegt haben, sind tatsächlich eingetroffen, und anderntags wird der Tumlinger Messestand von neugierigen Chinesen umlagert.

Ansonsten unterscheiden sich die Eindrücke am Regierungssitz kaum von denen in Shanghai: Fahrrad-Myriaden, grüner Tee in Deckeltassen und Spitzendeckchen auf amtlichen Sessellehnen, das immerwährende Lächeln und diffuse Versprechungen, wenn es um künftige Kooperationen geht.

„Der Wohnraumbedarf ist riesig“, frohlockt Siegfried Straub, aber es bleiben auch eine Menge Fragen: Parteibürokratie? Handlungsspielraum der Betriebsleiter? Entwicklung des Lebensstandards einerseits und des sozialen Gefälles andererseits?

Fischer-Werk am Yangtse: Klaus Fischer, Botschafter Lu Qiutian, Wirtschaftsminister Walter Döring und Vizegouverneur Wang Rongbing (von links) eröffnen die neue Produktion im chinesischen Taicang

Der Große Sprung

Zwölf Jahre später, am 26. Januar 1997, meldet die englischsprachige „China Daily“: „Klaus Fischer kehrte in diesem Monat mit einer wichtigen Nachricht der chinesischen Regierung in seine Heimat zurück.“ Bei einem Treffen in Peking, erläutert das Blatt, habe Wirtschaftsminister Wang Zhongyu darauf hingewiesen, „daß China mittelständische Firmen aus dem Ausland als zunehmend wichtig für die Entwicklung des Landes betrachtet“.

Insgesamt vier Stunden dauern die beiden Gespräche am Nachmittag und Abend des 12. Januar. Der 64jährige Politiker bezeichnet es dabei als Chance, daß chinesische Firmen von den Erfahrungen erfolgreicher deutscher Mittelständler profitieren können. Wang und Fischer sind sich einig, daß die Flexibilität mittelständischer Unternehmen bei Investitionen in China ein großer Vorteil ist: Kurze Entscheidungswege ermöglichen es Firmen wie Fischer, auf örtliche Gegebenheiten schnell und präzise zu reagieren.

Inzwischen haben die Tumlinger in China Fuß gefaßt. Der Schramberger Unternehmer Hans-Jochen Steim hat ihnen Taicang empfohlen, wo er selbst eine Dependance seiner Platinen- und Federnfabrik errichtet hat. Die mehr als 2000 Jahre alte Stadt im Südosten der Provinz Jiangsu grenzt im Süden an die Vororte Shanghais, im Westen an die „Seidenstadt“ Suzhou und im Osten an den Yangtse. Vom Hafen Liujia aus, der zur Stadt gehört, starteten bereits berühmte Seefahrer der Ming-Dynastie. Heute leben rund

450 000 Einwohner im 815 Quadratkilometer umfassenden Stadtgebiet.

Seit Eröffnung der Wirtschaftszone Taicang im Januar 1991 wurden dort mehr als 50 Milliarden Renminbi oder 10 Milliarden Mark investiert, knapp 70 Prozent durch ausländische Firmen. Als die Stadt am Yangtse-Delta am 18. Januar 1997 einmal mehr solche Investitionen – diesmal in Höhe von 200 Millionen Dollar – feiert, ist unter den 600 Gästen aus 22 Ländern auch eine Delegation der Firma „weiser Fisch“. So lautet die chinesische Übersetzung für den Markennamen der Tumlinger Fischerwerke. Das Unternehmen ist mit der 100-Prozent-Tochter „fischer (Taicang) fixings Co. Ltd.“ offiziell seit Mai 1996 in der Hafenstadt bei Shanghai vertreten und verstärkt dort, neben US-Konzernen wie Unilever oder Nike, die deutsche Kolonie.

Befestigungstechnik aus dem Schwarzwald gibt es bereits in den ersten chinesischen Baumärkten der Metro- und der Homeway-Kette, und sie fand vor allem in einer Reihe von Großprojekten Verwendung: in Peking im Lufthansa-Center und im Neubau der Deutschen Botschaft, in Shanghai im jüngst eröffneten Stadion mit 80 000 Sitzplätzen und im Jing Mao Building, das mit 88 Stockwerken zu den höchsten Gebäuden der Welt zählt. Als sich im September 1997 mehr als 400 Gäste in der neuen Fischer-Werkshalle in Taicang versammeln, um die Eröffnung von vier schwäbischen Betrieben zu feiern, lobt Baden-Württembergs Wirtschaftsminister Dr. Walter Döring deren Mut zum „Großen Sprung“.

Mit „Türöffnern“ ins Ausland

Spätestens seit dem Kauf von Upat sieht Klaus Fischer seine Unternehmen auf dem Weg zu weltweiter Präsenz: „Beachtliche Wachstumschancen“ in Europa und Fernost sagt er damals dem Bündnis voraus und bekräftigt: „Gemeinsam haben wir die Kraft zum 'global player'.“ Von diesem Ziel, das auch im aktualisierten Firmenleitbild von 1995 genannt wird, ist die fischer-Unternehmensgruppe nicht mehr weit entfernt. Zwei Dutzend Tochtergesellschaften in 17 Ländern, sechs Produktionsstandorte auf drei Kontinenten, weltweiter Einkauf von Rohstoffen und Teilen, ein durchgängiger Markenauftritt – das alles spricht für internationales „Standing“. Dazu tragen allein im Jahr 97 eine Firmenübernahme in Argentinien, das Werk in China und zwei neue Vertriebsgesellschaften in Osteuropa bei.

Die Befürchtung, daß die Globalisierung der Firma die heimischen Arbeitsplätze gefährden könnte, bezeichnet Klaus Fischer schon als Trugschluß, als er 1994 die neue Produktion im tschechischen Ivanovice Na Hané eröffnet. „Die marktwirtschaftliche Logik ist eine andere“, versichert er der Tumlinger Belegschaft. „Vor allem technologisch simplere Produkte, in denen die hohen deutschen Kosten stecken, können wir nicht in Länder liefern, die ein wesentlich niedrigeres Preisniveau haben. Um dort unsere Chancen zu wahren, müssen wir lohnintensive Produkte im Ausland fertigen.“ Obendrein erschließe man sich mit preisgünstigen „Türöffnern“ neue Märkte: „Sie sind die Ausgangsbasis, um dort ins Geschäft zu kommen, unseren

Ehrenvoll: Prof. Leopold März, Rektor der Wiener Universität für Bodenkultur (links), gratuliert Klaus Fischer zum Senatorentitel.

Namen bekanntzumachen und danach auch anspruchsvollere Produkte zu verkaufen, die in Deutschland hergestellt werden."

Daß sich der Firmenchef in heimatlichen Gefilden nicht aus der Verantwortung stehlen will, dafür gibt es eine Vielzahl von Indizien. Augenfälligstes Beispiel sind Umfang und Qualität der Ausbildung für mehr als 100 junge Leute. Sie gehört für Klaus Fischer nicht nur „zur Verantwortung der Industrie gegenüber der Gesellschaft", sondern liegt nach seiner Überzeugung „auch im ureigensten Firmeninteresse", weil „die Handlungskompetenz der Mitarbeiter ganz wesentlich über den Erfolg des Unternehmens entscheidet". So läßt er neben der Wissensan-

eignung vor allem die Verhaltensqualifizierung fördern – „im Sinne eines gelebten Leitbilds". Wenn jährlich 30 Neue ihre Lehrstelle antreten, merken sie das sofort: Ebenso wie die gewerblichen verbringen die kaufmännischen Auszubildenden erst einmal vier Wochen in der Lehrwerkstatt. Zum berufsübergreifenden Angebot zählen Sprach-, PC- und Kreativkurse ebenso wie ein sozialpädagogisches Seminar. Ein zweiteiliges Unternehmensplanspiel vermittelt die elementaren Aufgaben eines Industriebetriebs und wird alle Jahre durch aktuelle Entwicklungen ergänzt – von Technik- und Umwelt-Themen bis hin zu Tarifverhandlungen.

Trost vom Betriebsrat

Dieses Engagement ist nicht allein mit dem Blick auf „human ressources" zu erklären. Es rührt auch von dem Maß an Weitsicht, das den Eigentümer eines Unternehmens von jenen Konzernlenkern unterscheidet, die heute das Bild der deutschen Wirtschaft bestimmen. „Denen ist doch egal, ob sie Schuhe verkaufen oder Küchengeräte", argwöhnt Klaus Fischer, „die schielen immer nur nach dem 'shareholder value' und denken entsprechend kurzfristig." Über die nächste Bilanz hinauszuschauen und „auf fünf oder zehn Jahre zu erkennen, wo die Reise hingeht", wird aber nach seiner Ansicht auch künftig „ein Teil unseres Erfolges sein". Da nimmt er sich in die Pflicht:

„Das ist sehr stark meine Aufgabe, dies zu sehen und das Unternehmen darauf auszurichten.“

Von den Großen unterscheidet den Mittelständler noch mehr. Konzerne müssen sein, gibt Klaus Fischer zu, „denn Autos zu entwickeln und zu produzieren, kostet viel Geld“. Aber dort gehe es letztendlich nur noch um Personalkosten, nicht mehr um die Menschen, und deshalb „finde ich es auch sehr gut, daß die Firma den Namen der Familie trägt“. Wenn Klaus Fischer im Betrieb unterwegs ist, gibt er jedem die Hand, vom Abteilungsleiter bis zum Lehrling. Er ist überzeugt davon, daß die Mitarbeiter in inhabergeführten Unternehmen „eine gewisse Sicherheit und Geborgenheit finden“ und daß sie dort einen Ansprechpartner haben: „Mich kennen die Leute seit vielen, vielen Jahren. Sie kommen auf mich zu, sie wissen, daß da jemand ist, der mit ihnen diskutiert und dann auch versucht, die Probleme, oder was auch immer, zu lösen.“

Keine Frage, daß das viel zu selten geschieht – bei einem Terminkalender für eine 70-Stunden-Woche. So ist in einer Beurteilung durch die Mitarbeiter, der sich die Geschäftsleitung samt Chef schon zweimal unterzogen hat, auch bei Klaus Fischer der Mangel an Kommunikationsmöglichkeiten beklagt worden. „Die Mitarbeiter sagen, sie sehen mich zu wenig – vor allem in der Produktion und in den einzelnen Abteilungen.“ Trost kam danach ausgerechnet vom Betriebsratsvorsitzenden Peter Bayer. „Seien Sie doch froh“, sagte er, „daß die Leute Sie sehen wollen. In anderen Unternehmen ist das ganz anders.“

Das Transparent

„Es muß viel zusammenkommen, damit ein Mittelständler erfolgreich ist: eine gute Produktidee, ein cleveres Marketing und ein Mann an der Spitze, der vorantreibt – wie bei Fischer." So charakterisiert Wolfgang Hirn im Hamburger „manager magazin" vom August 1997, daß Klaus Fischer seinen Mitarbeitern nur selten eine Verschnaufpause gönnt: Die Produktionsstandorte in der EU sind eben erst nach ISO 9000 zertifiziert, da kurbelt er die Beteiligung am European Quality Award an. Die neuen Geschäftsbereiche arbeiten noch nicht lange, da löst er sie durch eine markenübergreifende Führungsstruktur ab. Der Fischer-Ideen-Prozeß ist kaum in Gang gekommen, da initiiert er einen zusätzlichen Wettbewerb. Die „Akademie" für Händler und Heimwerker läuft gerade an, da denkt er bereits über Beratungshilfen für Statiker nach. „Die Geschäftsführer", gesteht er sich selbst ein, „sagen immer mal wieder: Herr Fischer, ab und zu muß man Sie bremsen!"

Umfassender als alles, was er bislang angeregt, verfolgt und umgesetzt hat, ist die „Strategie 2001", die er am 28. April 1997 einer erstaunten Belegschaft präsentiert. „Wir stehen mit unserer halben Milliarde Umsatz zwar nicht schlecht da", erläutert er den Mitarbeitern, die sich im Betriebsrestaurant versammelt haben, „aber im Vergleich zu unseren großen Konkurrenten wachsen wir momentan nicht schnell genug." Um im globalen Wettbewerb mithalten zu können, müsse der Umsatz der Unternehmensgruppe erheblich gesteigert werden. „Damit wir auch

Das große Ziel:
Umsatzverdoppelung
in fünf Jahren

im neuen Jahrtausend erfolgreich auf den internationalen Märkten agieren können, haben wir uns Großes vorgenommen. Unser Ziel ist es, am Ende des Jahres 2001 eine Milliarde Mark Umsatz zu machen" – und dabei läßt er ein neun Quadratmeter großes Transparent mit dieser Zahl entrollen, das heute noch an der Westwand der Kantine hängt.

Nach dieser Ankündigung wird durchaus Skepsis laut. Ob es denn überhaupt denkbar sei, in nur viereinhalb Jahren den Umsatz zu verdoppeln, und ob man sich damit nicht übernehme, will nicht nur ein Gesprächspartner von ihm wissen. Zugleich aber spürt Klaus Fischer eine Aufbruchstimmung, die ihn selbst begeistert: „Es war für mich sehr beeindruckend festzustellen, mit welcher Energie sich viele an die Arbeit gemacht haben, um die neue Strategie für ihren jeweiligen Bereich umzusetzen."

Daß es gelingt, daran zweifelt er nicht. Wie sagte er doch im April 1997? Dies sei zwar ein „überaus ehrgeiziges Ziel und eine der größten Herausforderungen in der Firmengeschichte", aber „liebe Mitarbeiterinnen und Mitarbeiter, Sie arbeiten in einem Unternehmen, das dieses Ziel erreichen kann".

Er selbst hat dazu sicher wesentlich beigetragen.

Die dritte Generation

„Ich will die Wahl haben"

Mal scheint es eine Chance, mal eine Bedrohung. Mal lockt der geebnete Weg, mal schreckt die umfassende Reglementierung. Auf jeden Fall aber ist das Unternehmen allgegenwärtig: wenn im Kreise von Besuchern weißes Hemd und Wohlverhalten verlangt sind, wenn der Vater beim Mittagessen über eine schlappe Führungskraft klagt, wenn die Mutter sein Fernbleiben mit einer dringenden Geschäftsreise erklärt oder wenn es bei der Betriebs-Weihnachtsfeier Familiensinn zu demonstrieren gilt. In der Schule, im Konfirmandenunterricht, auf dem Sportplatz, in der Disco – irgendwie kommt die Firma immer zur Sprache. Und natürlich macht der Großvater keinen Hehl daraus, wo er die Entwicklungschancen seiner Enkelkinder sieht: Zum Geburtstag gibt's eine Dampfmaschine oder technisches Zeichengerät, gemeinsame Streifzüge durchs Forschungszentrum sind Ehrensache, und nicht selten zeigt er zuerst den beiden Jungen, was er Neues erdacht hat. Für ihn ist das keine Frage: Die dritte Generation wird sein Lebenswerk fortführen.

Viel zurückhaltender ist da schon der Papa. Wenn die Rede auf Zukunftspläne und Berufswünsche kommt, will er die Firma als Angebot verstanden wissen, nicht als Verpflichtung. „Ihr könnt werden, was ihr wollt", beteuert er dann und meint das auch so. Die eigene Erfahrung, der Verstand sagen ihm: kein heimlicher Zwang, keine Einschränkung der Möglichkeiten! Das

Gefühl freilich sagt etwas anderes: Einer zumindest wird sich doch hoffentlich fürs Unternehmen entscheiden!

Weil Bruder Jörg eine Hochschulkarriere anzustreben scheint, gilt Frank Fischer eine Zeitlang als einziger Hoffnungsträger, obgleich eine Phase der Verweigerung – Schule? Nein danke! – zu besorgten Fragen und Prophezeiungen führt. Auch ist der 19jährige, der inzwischen aufs Abitur zusteuert, nach eigener Einschätzung „nicht unbedingt technisch orientiert“. Der junge, überdurchschnittlich belesene Literaturfreund neigt vielmehr den Geisteswissenschaften zu.

Ob ihn sein Lebensweg dennoch ins Familienunternehmen führt, mag er derzeit nicht entscheiden. Selbst wenn heute die innere Distanz größer zu sein scheint als die Anziehungskraft, will er den Schritt nicht ausschließen: „Ich weiß nicht, wie ich in zwei Jahren darüber denke.“ Jedenfalls legt Frank „Wert darauf, daß man mir die Wahl läßt“ – auch und gerade, nachdem der ältere Bruder seine Wahl schon getroffen hat.

Die Dübel-Dynastie:
Artur und Frank (links),
Klaus und Jörg Fischer

Mathematik zählt nicht

Am 19. Januar 1998, dem Abend vor seinem 22. Geburtstag, wartet Jörg Fischer darauf, daß sein Vater nach Hause kommt. Kurz nach halb neun sitzen die beiden im Vorraum zur offenen Küche zusammen und kommen nach einem kurzen „Was gibt's Neues?" zur Sache: Der Sohn will noch einmal das Studienfach wechseln.

Sein Berufsziel sind ursprünglich Forschung und Lehre, zwei Semester lang hört er an der Tübinger Eberhard-Karls-Universität Vorlesungen in deutscher Literatur, Philosophie und Volkswirtschaft. Dann aber besinnt er sich neu. „Ein Laissez-faire-Studium", urteilt er heute, bei dem ihm vor allem der Meinungsaustausch mit Professoren und Kommilitonen zu kurz kam: „Genauso gut hätte man den ganzen Tag lesen können." Ihren Reiz verloren in dieser Zeit auch die philosophischen Themen, mit denen er sich schon Jahre zuvor intensiv auseinandergesetzt hatte: „Man redet immer nur über etwas, ohne mit der Materie selbst befaßt zu sein."

Mit seinem Studienfreund Brendan Theunissen aus Utrecht diskutiert er deshalb Alternativen und vertauscht im Herbst 1997 „die reine Theorie mit der Praxis": Bereits in der ersten Woche der Semesterferien bewirbt er sich an der Uni Stuttgart fürs Maschinenbau-Studium und meldet sich kurz darauf bei seinem Vater zum Betriebspraktikum. Klaus Fischer: „Er kam in mein Büro, was er sonst eher selten macht, und hat mir erklärt, daß er jetzt in die Firma will."

Am Stuttgarter Studium aber mißfallen ihm der Massenbetrieb und „die Pseudo-Praktika, in denen 40 Leute einem Assistenten zuschauen“. Obendrein fühlt sich der junge Mann mit dem Abitur-Notendurchschnitt 1,0 „ausgebremst“, als ihm eine vorzeitige Fachprüfung verweigert wird. Er entschließt sich, auf Mathematik umzusatteln, ein Studienfach, mit dem er schon früher geliebäugelt hat und das ihm wegen der exakten Beweisführung besonders gefällt.

Vieles davon erklärt Jörg an jenem Januarabend noch einmal dem Vater, der aufmerksam zuhört, am Ende aber abrät. „Du wirst Probleme haben mit den Leuten in der Firma“, warnt er vor dem Studium, das im betrieblichen Alltag kaum als Erfahrungsschatz gelten dürfte: „Was zählt bei Technikern schon das Wort eines Mathematikers?“ Statt dessen, so empfiehlt Klaus Fischer seinem Sohn, soll er Maschinenbau an einer Fachhochschule studieren: „Da sind die Rahmenbedingungen besser, und du hast nach acht Semestern dein Diplom in der Tasche.“ Da er den Numerus Clausus nicht fürchten muß und am Ende auch promovieren kann, läßt sich Jörg Fischer umstimmen. „Mein Vater hat einleuchtend argumentiert“, findet er, meldet sich bei der FH Esslingen und nutzt die Zeit bis zum Studienbeginn mit einem Auslandspraktikum bei der Fischer-Gesellschaft im englischen Wallingford.

Der richtige Dampfer

Der erneute Generationenwechsel scheint vorprogrammiert. Spätestens fürs Jahr 2010, wenn es nach dem Vater geht: „Ich kann mir nicht vorstellen, länger als bis 60 im Unternehmen zu arbeiten." Sohn Jörg sieht der Übergabe gelassen entgegen. Zwar entdeckt er mancherlei Gemeinsamkeiten bei den Vorgängern – „ihre Zähigkeit, ihr Beharrungsvermögen, ihr Fixiertsein auf die nächste große Aufgabe" –, aber der Vater sei „nie so dominant gewesen" wie der Großvater, habe auch „weniger Leistungsdruck" erzeugt. Deshalb rechnet er mit „größeren Freiheiten".

Und die Zukunft des Unternehmens? Der Großvater hat einst empfohlen, die Firma „überschaubar" zu halten, der Vater dagegen baut das Unternehmen zielstrebig zum „global player" aus. Der Enkel vereint womöglich beides: in seinem Idealbild vom „mittelständischen Konzern". Dazu gehört für ihn ein Inhaber, der – „wie mein Vater" – mit Kompetenz und Detailkenntnissen die Nähe zum betrieblichen Geschehen bewahrt. Zugleich sind das anstelle zentralistischer und hierarchischer Strukturen „kleine selbstverantwortliche Einheiten, die wie Waben aneinandergegliedert sind und sich dadurch gegenseitig kontrollieren".

Nach seinem Praktikum, das ihn quer durch die Produktion von der Metallverarbeitung über die Kunststoffspritzerei bis zur Montage geführt hat, weiß Jörg Fischer, daß er als Sohn des Chefs „erst einmal eine Hemmschwelle überwinden muß, um mit den Leuten über Probleme reden zu können". Aber er ist sich sicher, daß es in der Belegschaft eine „große Identifikation mit den Ideen meines Vaters" gibt, und er selbst zeigt sich beeindruckt von der „tollen Mannschaft". Besonders die teilautonomen Arbeitsgruppen haben es ihm angetan – nicht nur aus atmosphärischen Gründen, sondern auch in ökonomischer Hinsicht: „Wer ein Ersatzteil selber kaufen muß, weiß genau, was das kostet, und checkt erst mal alle Möglichkeiten, ob's nicht auch anders geht."

„Der Jörg", sagt der Vater, „hat schon eine richtige Beziehung zum Unternehmen." Und der Sohn zeigt sich, bei anderer Gelegenheit, überzeugt: „Wir sind auf dem richtigen Dampfer."